학교에서 배운 **경제**
직장에서 배운 **경제**
시장에서 배운 **경제**

학교에서 배운 경제
직장에서 배운 경제
시장에서 배운 경제

미국 MBA에서 동대문시장까지
배우고 벌고 쓰고 아끼며 깨달은 세상의 경제

최연미 지음

중앙 books
JoongAng Ilbo

미국 MBA에서
동대문시장까지
경제의 달인들이 전해준
지혜들

우리는 미디어를 통해 가계부채가 1,000조 원을 돌파했다거나, 정치인의 잘못된 정책으로 세금 몇조 원이 낭비되었다는 소식을 접한다. 이제는 조 단위가 억 단위를 듣는 것처럼 익숙하다. 하지만 우리에게 마음만은(?) 친숙해진 1조는 얼마만한 돈일까?

일단 1조는 100억이 100개가 모인 숫자다. 우리가 100살까지 산다고 가정했을 때 매년 100억 원 이상, 매일 2,700만 원 이상을 써야 겨우 바닥을 보일까 말까 하는 돈이다. 국내 한 텔레비전 프로그램에서 1조 원이 얼마나 큰돈인지 설명해준 적이 있다. 단군 때부터 오늘날까지 매일 60만 원씩 써도 원금은 그대로라고 한다. 1조 원을 은행에 맡기고 2퍼센트 금리를 적용받는다면 매년 200억 원이 이자로 붙으니 그리 만만하게 볼 돈이 아니다.

이런 우주적이고 초현실적인 돈을 개인이 갖고 있다는 소식도 이제는 익숙하다. 재산이 공개된 사람 중 세계 최고 부자로 꼽히는 빌 게이츠는 80조 원 이상의 재산을 갖고 있고 매년 3조 원 이상을 기부하는 데도 그의 재산은 계속 늘고 있다. 윈도 소프트웨어를 개발하고 마이크로소프트사를 창업했을 뿐(?)인데 세계 최고의 갑부가 되었다. 그가 죽을 때까지 그의 재산은 끝없이 불어날 것이다. 본문에도 나오지만 미국 달러를 찍어내는 은행의 지분을 소유한 록펠러 가문과 모건 가문의 재산은 경 단위를 넘어가는 것으로 추정된다고 한다.

평범한 사람들이 평생 벌 수 있는 돈에는 한계가 있지만 새로운 세계를 만날 수 있는 기술을 익히면 백만장자가 된다. 그들에게는 '웜홀' 같은 부자가 되는 지름길이 있었던 것이다. 이들이 만난 웜홀은 사실 세계 극소수 억만장자들이 재산을 모은 비결이기도 하다. 물론 텔레비전에 나오는 사람들만 웜홀을 만난 것은 아니다. 우리 주변에서도 웜홀 사례가 들리곤 한다. 만난 적은 없지만 사돈의 팔촌이 산 아파트가 대박이 났다든가, 친구의 친구가 주식 투자로 몇 억을 벌었다는 등의 떠도는 이야기다.

우리 주위에도 부자가 될 수 있는 웜홀이 떠돌고 있다면 좋으련만 아쉽게도 경제의 '블랙홀'만이 늘 우리 근처를 배회한다. 잘 어울린다는 백화점 직원의 말에 카드를 긁고, 공인중개사의 말만 믿고 담보 많은 집에 들어가거나, 세탁기보다 비싼 휴대폰을 2년마다 구입한다.

매달 사용하던 카드빚이 늘어나 월급을 잠식하고, 수익성이 좋다는 말에 혹해 부동산에 투자했는데 대출에 허덕인다거나, 주식이나 옵션으로 인해 빚을 지거나, 연대보증으로 가족이 재기하지 못하는 경우도 있다. 남의 말에 솔깃하거나 부족했던 경제지식으로 인해 크든 작든 손해를 보는 경우가 많다.

백화점과 마트, 금융회사 등 우리의 경제생활 곳곳에 설치된 블랙홀로 빠져나간 돈은 곧 대기업과 자산가들의 웜홀로 빨려 들어가 그들은 막강한 부를 축적해간다. 시스템은 더욱 공고해지고 땀 흘려 돈을 번 시민들의 자리는 점점 좁아진다. 그렇기에 우리는 웜홀의 메커니즘을 알고 주위에 존재하는 블랙홀이 무엇인지 알고 있어야 한다. 근거 없는 대박 환상에 사로잡혀서도 안 된다. 맑은 정신으로 돈을 벌고 모으며, 주체적으로 소비할 수 있는 건강한 경제지식을 갖고 있어야 한다.

경제 주체로 당당히 살기 위한 지식들

내가 기억하는 첫 번째 경제활동은 핫도그를 구입한 것이다. 서너 살 때쯤 엄마가 준 백 원짜리 동전 하나를 집 앞 포장마차 아줌마에게 건네고 핫도그를 받았다. 그땐 핫도그라고 제대로 발음하지도 못했지만, 그 동그란 금속이 내게 맛있는 핫도그로 돌아온다는 것은 알게 되었다. 동네 슈퍼마켓을 하던 우리 집에는 늘 손님들이 찾아와 동그란 금속과 네모난 종이를 내고 물건을 바꿔갔고 나는 그런 모습을 보고 자랐다.

그러던 내가 대학을 졸업한 후 IT 업계에서 일하다 미국으로 유학을 떠났다. MBA 코스를 마치고 졸업한 후 한국에 돌아와 직장에 다니고 창업까지 하게 되었다. 안정적인 직장에서 자유 직업인을 꿈꾸며 박차고 나온 뒤로 돈을 버는 일이 그 어느 때보다 힘들었다.

회사에서 또박또박 받는 월급은 순이익이었지만, 전화비며 제품개발비며 모든 것을 온전히 내 지갑에서 해결해야 하는 자영업자 입장에서 그만큼의 순수익을 끌어내기란 여간 어려운 것이 아니었다. 비용을 최소화해야 하다 보니 회사일과 직접적인 관련이 적은 나의 개인적인 먹고사는 문제에 드는 비용은 점점 줄여나갈 수밖에 없었다. 창업 후 1년간은 사무실 겸 오피스텔에서, 온돌이 되지 않는 차가운 사무실 한편에 1인용 싱글 철제 침대를 갖다 두고 생활했다. 사업에 언제 볕이 들지 창업 2년 차에겐 아직 막막한 것도 사실이다. 그렇지만 내가 경험한 시간을 쭉 거슬러 올라가다 보니 의미 있는 시간과 경험이 많았다. 그래서 이 책을 쓸 수 있게 됐다.

이 책은 글로벌 경제 시대를 살아가고 있는 우리가 어떻게 경제 주체로서 당당히 살아갈 수 있을지에 대한 고민을 담았다. 경제의 숨은 이야기를 전해주기 위해 MBA에서 배운 경제 이론과, 직장과 시장에서 보고 배운 경험을 바탕으로 쉽게 풀어나가려고 했다. 작게는 백화점에서 립스틱을 구입하는 일부터 크게는 집을 사고 미래를 준비하는 과정에 이르기까지, '나'라는 상수와 '세계 경제'라는 변수 사이에 엉켜 있는 것들을 거둬내면 경제현상이 간결하고 선명하게 보일 것이다.

비행기를 타고도 13시간이나 떨어져 있는 미국 뉴욕에서 벌어지는 일이 내 지갑 사정에 어떤 영향을 끼치는지, 우리가 매일 긁는 신용카드에 숨은 이야기와 함정은 무엇인지, 월급이 오르고 승진을 해도 왜 돈이 안 모이는지, 미국 MBA에서 동대문시장까지 경제의 달인들이 전해준 돈에 관한 비밀 등 경제생활을 하는 독자들에게 주체적으로 돈을 관리하고 미래를 준비할 수 있는 지혜를 전하고 싶었다.

이 책은 크게 세 단락으로 구성되었다. 첫 번째 장은 '학교에서 배운 경제'로 MBA에서 배운 경제 이론을 바탕으로 세계경제의 흐름을 녹여냈고, 경제 패권국인 미국에 대한 이야기를 담았다. 두 번째 장은 '직장에서 배운 경제'로 내가 직장을 다니면서 받은 월급으로 경제생활을 한 이야기를 풀었는데, 20~30대 직장인의 삶과 밀접한 재테크와 부동산, 쇼핑과 자기관리에 관한 생활경제를 담았다. 돈을 빼앗는 블랙홀이 가득한 곳에서 현명하게 경제생활을 하며 살아남는 방법을 전한다. 세 번째 장인 '시장에서 배운 경제'는 내가 창업을 한 이후 만나게 된 정글 같은 시장의 모습과 그 속에서 터득한 생존기술 그리고 창업 이야기를 담았다.

2012년에 우연한 계기로 《서른셋 싱글 내집마련》이라는 책을 썼다. 대학을 갓 졸업하고 살던 반지하 자취집부터 노원구 상계동에 있는 작은 아파트를 구입하기까지 경험한 부동산과 경제 이야기를 담은 책이다. 두 번째 책 제안이 들어왔을 때에는 또다시 기나긴 집필 과정을 거치려니 덜컥 겁도 났고 그간 살아온 내 이야기들이 뭐가 또 재미있을까 싶어 자신도 없었다. 하지만 어느 순간 나는 출판사와 계약을 하고 있었다. 글을 쓰는 일이 아마도 잘하는 일은 아니지만 어느덧 좋아하는 일이 된 것 같다. 첫 책에 이어 두 번째 책을 제안해준, 나에게 글쓰기의 기쁨을 일깨워준 이한나 에디터와 중앙북스에 감사의 말을 전하고 싶다. 또 항상 걱정을 끼쳐드리는 딸을 마음 졸이며 무한히 응원해 주시는 부모님께 감사드린다.

　세계 각국에서 벌어진 화려한 파티가 끝나고 있다. 장밋빛 미래를 담보로 차려진 잔칫상이었다. 일찍 자리를 뜬 사람들은 행운이겠지만 많은 이들은 숙취에 시달리고 설거지는 아마 초대받지 않은 이들이 나눠 해야 할 것이다. 늘 그래왔듯이 경제 상황은 우리에게 호의적이지 않다. 비는 누구의 머리 위에나 똑같이 내린다. 중요한 것은 우산을 준비하는 것이다. 내일의 비가 그친 후 독자 여러분과 모레의 태양을 함께 바라볼 수 있길 기대한다.

최연미

Economic Lessons
learned from
School, Work and the Marketplace

차례

프롤로그

4   미국 MBA에서 동대문시장까지 경제의 달인들이 전해준 지혜들

학교에서 배운 경제

16   많은 사람들은 모레의 태양을 보지 못한다

25   그들은 어떻게 맨땅에서 부자가 될 수 있었을까?

35   재클린 케네디의 피문은 샤넬 재킷

44   MBA 정글에서도 관계가 좋아야 살아남는다

52   엄마의 양적완화 정책

62   경영학 수업에서 배운 인생 경영법

69   "네 전 재산과 손목을 걸게나", 파생상품

75   구직활동도 연애하듯 밀당하기

87   나의 자기소개서 필살기

직장에서 배운 경제

96   연차는 쌓여가는데 왜 늘 궁핍한 걸까?

106   다이너스클럽과 국밥집

113   큰돈의 시작은 늘 푼돈이었다

127   나도 모르는 빚

132 경제 디톡스로 건강한 경제생활을 다시 시작할 때

140 랠프 로렌과 국장님

148 외로움은 쇼핑 증폭 장치

157 자존감, 어느 직장 상사의 생일파티

165 전세생활자가 알아야 할 넓고 얕은 지식

175 직장인의 삶이 막막한 당신에게

시장에서 배운 경제

186 이런 불경기에 창업한다고?

195 동대문 시장에서 살아남는 법

202 명함을 건네기 위해 KTX를 타는 이유

211 동대문에서 만난 인생 선배

220 간판에서 돈을 읽는 장사의 귀재

226 내가 아파트를 판 날

233 "전화요금조차 목을 죄게 될 것"

239 가장 낮은 자세의 창업

244 세상을 먼저 깨우는 이들의 아침 리그, 조찬회의

249 오꾸빠, 전 세계 청년실업의 현주소

259 저성장의 무기력 속에서 무게중심 잡는 방법

265 참고문헌

일러두기

● 인명과 지명은 외래어표기법에 따라 표기했으나 브랜드나 기업 이름은 해당 기업에서 사용하는
  명칭으로 표기했습니다.

ECONOMIC LESSONS LEARNED FROM SCHOOL

학교에서 배운 경제

많은 사람들은
모레의 태양을 보지 못한다

MBA나 경제학과, 경영학과 출신은 돈을 잘 벌까? 정확한 통계는 없지만 세상을 둘러보면 돈과 전공의 상관관계가 대단히 큰 것 같지는 않다. 언론사에 다니는 친구 말이 신문사에서 돈을 제일 못 모으는 기자가 경제부 기자라는 우스개 이야기가 있다고 한다. 사실인지는 모르겠지만, 경제부 기자라면 돈이 움직이는 흐름과 경제 구석구석 사정을 잘 알 것 같은데 지식과 현실을 접목하는 것은 다른 문제인 듯하다.

만유인력 법칙과 미적분학을 정립한 천재 과학자 뉴턴도 주식 투자 실패로 엄청난 손해를 본 후 "천체의 움직임은 계산할 수 있었지만 사람들의 광기는 도무지 알 수 없다"라는 말을 남기고 우울한 노년을 보냈다지 않은가. 그런가 하면 음악가 헨델은 주식 투자로 쏠쏠한 재미를 봤다고 한다.

레시피를 많이 알고 있다고 최고의 요리사는 아니듯, 머리로 아는 것과 몸으로 부딪치는 것은 다를뿐더러 사회에서 필요한 지식들을 학교에서만 배우는 것은 아니다. 나 역시 학교를 졸업한 후 직장과 사회에서 배운 것이 훨씬 많은 것 같다.

하지만 학교에서 배운 기초적인 지식들이 의미가 없는 것은 아니다. 전쟁과 같은 현실에서 경제 이론을 천천히 대입해 보면 의외로 해답이 잘 풀릴 때가 많다. 우리는 이론 따로 현실 따로 배우고, 이론을 현실에서 적용하는 실용적인 부분에 취약하다. 하지만 곰곰이 생각해보면 점수를 따기 위해 들었던 교양과목에서 생활에 필요한 지혜를 빌려 쓴 경험이 있을 것이다.

우리가 하는 많은 일은 대부분 돈을 버는 일과 깊은 관련이 있다. 물론 행복하기 위해서, 남을 돕기 위해서, 가족을 위해서, 자아실현을 위해서라는 대의명분이 있지만 궁극적으로 지금 하는 일들은 모두 돈을 버는 과정이다.

작게는 점심으로 무엇을 먹을 것인가, 마트 계산대에서 어느 줄에 서야 할지부터 크게는 이 프로젝트를 통해 회사가 얼마나 수익을 남길 수 있을지, 운영하고 있는 가게가 언제부터 순이익을 낼 수 있을지, 은행 대출을 끼고 집을 사도 괜찮을지 등 모든 게 크건 작건 선택의 연속이다. 이 선택의 기로에서 미리 확률을 가늠하고 중요한 사안들에 대해서는 가능한 한 객관적으로 예측하고 그 결정에 따라야 최악의 시나리오를 막을 수 있을 것이다. 누군가에게 빚보증을 잘못 서서 집안이 쫄딱 망했다는 식의 우리 아버지 세대의 이야기는 객관적으로 데이터를 검증하지 않고 무턱대고 남을 믿은 결과다.

MBA 1학년 필수 과목 중에 의사결정론Decision Making이 있었다. 의사결정을 하는데 왜 수업까지 들어야 하는지 의아하겠지만 고도의 확률과 외부 상황을 반영한 변수들을 고려하여 모든 경우의 수에 대한 숫자 예측을 기반으로 의사 결정을 하는 것이다. 그래서 대부분의 수업은 주어진 상황과 변수를 읽고 복잡한 엑셀 모델을 만들고 시나리오를 분석한 다음 크리스털볼이라는 리스크 관리 소프트웨어를 돌려 여러 가지 시나리오에 대한 확률을 뽑아내는 과정으로 진행됐다.

예를 들면 교수님은 야구팀 뉴욕 양키스의 특정 경기 승률은 얼마나 될까라는 질문을 준다. 여기에 당일 어떤 선수가 주전으로 뛰고, 상대팀은 어떻고, 날씨가 어떨 것 같고 등의 여러 가지 변수를 준다. 분명히 주어진 상황과 숫자들은 같지만, 수업시간에 여기저기서 쏟아지는 시나리오별 생각들은 천차만별이다. 물론 어느 정도 대세로 기울어지는 중론이 있지만 같은 상황을 해석하는 사람의 관점, 리스크를 꼼꼼하게 짚어가는 사람의 시선, 어떤 것을 핵심 변수로 볼지, 주변의 미세한 변수가 결과에 어느 정도 영향을 줄지 해석하는 관점에 따라 상황에 대한 확률은 달라질 수 있다. 엑셀과 컴퓨터 프로그래밍은 기계가 하는 것이지만 프로그램을 설계하고 값을 넣는 것은 사람의 판단이기 때문이다.

얼마 전 희대의 사기극으로 끝난 모뉴엘 사태가 일어났을 때 대출금을 회수한 우리은행 직원의 이야기가 화제가 되었다. 계약직 은행원이 모뉴엘 대출 사기가 드러나기 전에 회사가 부실하다고 판단해 미리 대출금 850억 원을 전액 회수한 것이다. 모뉴엘은 빌 게이츠가 2007년 무렵 세계 최대 가전 박람회 기조연설에서 주목할 회사로 언급했다는 소문도 있었고, 성장 속도가 빠른 회사였기 때문에 국내 많은 은행으로부터 약 3조 4,000억 원대의 대출을 받을 수 있었다. 나중에 밝혀지기로는 이 모두가 8억 원가량의 뇌물을 뿌려 만들어 낸 헛소문이었고 사기 대출이었다.

그 은행원은 어떻게 돈을 안전하게 돌려받을 수 있었을까? 당시는 로봇청소기, 미니노트북 등 획기적인 제품 포트폴리오가 많았기 때문에 국내 언론매체에서 찬사를 보내는 시점이었다. 하지만 그는 처음부터 재무제표를 훑어보았고 모뉴엘 제품에 대한 소비자들의 후기가 없다는 점에서 의심을 시작했다고 한다. 수출액은 엄청나다고 하고 해외 소비자들로부터 좋은 평가를 받는다는데 막상 미국 어느 쇼핑몰에서도 판매하고 있지 않았기 때문이다. 모두 데이터 검색을 통해서 알아낸 것이다.

모두 환호성을 보낼 때 혼자서 의심을 객관화하고 증명하는 데에는 많은 어려움이 있었을 것이다. 그러나 파산의 징조가 읽히고 있기에 투자 수익금을 포기하더라도 최대한 빨리 돈을 회수하는 것이 최선이라는 의사결정을 내릴 수 있었다. 이 과정에서 가장 큰 몫을 했던 것은 데이터를 기반으로 한 최악의 시나리오와 시나리오가 실현될 확률에 대한 고민, 미국 쇼핑사이트를 뒤져 찾아낸 팩트를 찾고 검증하는 수고로움, 그리고 그것을 회사 내부에서 설득하고 실행할 수 있는 뚝심이 있었기 때문이다.

세상 일이 내 뜻대로 흘러가지 않기에, 플랜B

친구가 소개팅으로 만난 남자의 주식 빚이 무려 3억 원이라고 한다. 운이 좋지 않아, 때를 잘못 만나 그렇게 되었다고 하더라도 사채 이자도 아닌데 주식으로 인한 손해액이 3억이나 되는 것은 온전히 운에 대한 맹목적인 기대심리, 직관적인 판단에 올인하는 의사결정 성향 때문이라고 생각한다. 일반적인 경우라면 주식 빚이 3억이 되기 전에 주식을 접게 마련인데 나중에 크게 한 방으로 모든 것을 해결하겠다는 생각을 한 듯하다.

여기서 더 재미있는 것은 그 남자는 국내 유명 대학에서 엔지니어링을 전공하고, 해외 대학원에서 경영학을 공부한 후 국내 굴지의 은행에서 오래 근무하고 있었다는 사실이다. 자신의 돈으로 하는 투자에 대해서는 너무 확신에 차 있었거나 순진하게 달려들어 합리적이지 못한 의사결정을 한 셈이다.

사실 의사결정은 누구나 실수할 수도 있고 예상치 못한 외부적 변수가 크게 발생한다면 초기에 예측한 시나리오와 정반대로 흘러갈 수 있다. 그럴 경우에 대비해서 백업 플랜이 있어야 하는데, 잘될 거라고만 생각하는 사람에겐 당연히 플랜B가 없을 수밖에 없다. 그래서 액션을 빠르게 취해야 할 아주 중요한 순간을 놓치고 돈을 벌거나 돈을 크게 잃지 않을 골든타임을 놓칠 수밖에 없다.

30대 중반의 부부가 전 재산을 투자해 경기도 교외에 글램핑장(텐트와 부대장비가 갖춰진 캠핑장)을 지었다. 부부의 전 재산과 무리한 은행 대출까지 포함해, 한마디로 사활을 걸고 크게 한판 벌인 셈이다. 인사 겸 놀러간 적이 있었는데, 오픈부터 지금까지 손님이 없다고 한다.

나 역시 그 업종에 대해 자세히는 모르지만 하루를 묵어보니 손님의 관점에서 불편하고 마음에 들지 않는 이유들이 눈에 들어왔다. 그중 가장 컸던 것은 취사문제였다. 글램핑장에서는 삼겹살을 구워먹고 밥 해먹는 재미가 쏠쏠한데, 땅 주인과의 초기 계약조건으로 인해 취사가 불가능한 것이었다. 결국 밥은 삼시세

끼 주인이 만들어 식사시간에 공동식당에서 해결해야 하다 보니 수련회나 다름이 없었다. 글램핑장에 숙박하러 온 손님들이 딱히 할 일이 없어 읍내 PC방에 놀러 갔다 오는 이상한 풍경이 펼쳐지고 있었다.

바로 옆에 생긴 글램핑장은 장사가 너무 잘된다고 한다. 숙박 손님 외에 당일치기 손님도 받았기 때문이다. 아침에서 저녁 무렵까지 있으면서 밥해먹고 놀고 싶어하는 가족이나 연인 손님들이 많이 온다는 것이다.

글램핑장을 처음 손수 지을 때 부부는 한창 글램핑이 화제로 떠

오르는 시기였기 때문에 어느 정도 돈을 벌 수 있을 거라고 생각했을 것이다. 막상 원하는 대로 흘러가지 않을 때 재빠르게 여러 가지 시나리오에 대한 판단과 작전을 수정했어야 한다. 그러나 평소 자기 생각이 뚜렷한 편이었던 부부는 결국 골든타임을 놓친 것이 아닌가 싶어 안타까웠다.

이미 체결한 계약이 문제라면 땅 주인을 어떻게든 구워삶아서 수정하거나, 다른 걸 하나 주고 포기하더라도 협상을 잘 이끌어내는 방법을 취할 수 있지 않았을까. 늦게 차린 바로 옆집에서 대박이 터지지 않았더라면 다른 요인들을 생각할 수 있었겠지만 같은 자리, 같은 업종인데 희비가 갈리는 것을 보면 객관적으로 성공과 실패를 가늠하는 확률에 의한 판단과 여러 가지 시나리오에 대한 유연한 대처가 필요했다는 생각이 들었다.

최악을 대비하라

맨손으로 시작해 세계적 거부가 된 중국 알리바바의 마윈 회장이 이런 말을 했다.

"오늘은 잔인하지만 내일은 더 잔인할 것이다. 그러나 모레는 진짜 아름다울 것이다. 하지만 대다수 사람들이 내일 저녁에 죽어버리고 모레의 태양을 보지 못한다."

끝까지 견디면서 우직하게 희망을 갖고 일하라는 말인데 나는 '내일은 더 잔인할 것'이라는 데 큰 의미를 둔다. 지금 하고 있는 일에서의 판단, 투자 등 모든 것이 내일 더 나빠질 것이라고 생각하는 사람은 없다. 그러나 지금의 선택으로 인해 더 나빠질 수 있는 가능성도 숫자로 기억하고 있어야 한다. 예를 들어 더 나빠질 확률 30퍼센트를 예측해서 크게 성공할 확률과, 어느 정도 성공할 확률과 무게를 가늠하고 종합적인 판단을 내려야 하는 것이다.

우리 모두 일순간에 벼락부자가 될 수는 없다. 경력과 자질을 하루아침에 쌓을 수도 없다. 특히 돈과 관련된 판단에 있어서는 정말 냉정하게 생각해야 하며 스스로에게 늘 객관적이어야 한다. 늘 시나리오는 하나가 아니며 나의 판단이 언제나 맞는 것도 아니다. 최악의 상황에 대비한 시나리오를 준비해야 하며 상황을 기민하게 판단해 유연하게 고칠 줄도 알아야 한다.

MBA에서 가르쳐준 것은 최고의 결정을 내리는 법이 아니었다. 인간의 판단은 틀릴 수 있으며 상황은 늘 달라지기에 플랜B를 준비할 것, 그리고 민첩하게 상황을 판단할 것. 이것이 한 학기 동안 배운 수업의 핵심이었다.

그들은 어떻게 맨땅에서
부자가 될 수 있었을까?

에스티로더. 내가 2011년 잡지회사에서 일하기 전까지 나는 막연하게 프랑스 브랜드라고 잘못 알고 있었다. 나 또한 화장대에 에스티로더 갈색병 에센스를 두고 쓰고 있었고, 대학생 인턴으로 경쟁사에서 잠깐 일하면서 이 회사에서 취직하면 좋겠다고 생각했었음에도 이 브랜드가 어떤 회사인지 잘 몰랐다. 아마 상품명 ESTÉE LAUDER에서 É의 프랑스어 철자와 발음의 느낌 때문에 그렇게 지레짐작한 듯하다.

에스티로더의 창립자는 미국인인 에스티 로더 여사다. 그리고 더 정확하게 말하면 헝가리계 유대인이다. 에스티 로더는 유대인의 딸로 미국에서 태어났으며, 화학자인 삼촌이 개발한 크림을 팔아 인기를 끌자 남편과 함께 자신의 이름을 딴 화장품 회사를 창업했다.

내가 패션매거진 브랜드 매니저로 일할 때 글로벌 화장품 업체의 담당자와 만나 브랜드와 함께할 이벤트, 제품 협찬, 글로벌 광고 캠페인 등에 대해서 이야기를 나눌 때가 많았다. 브랜드마다 명함이 다르고 예쁜 브랜드 로고들이 들어가 있었다. 저마다 다른 회사에서 각기 다른 신제품을 출시한 듯 보이지만 대부분 크게 보면 3개 회사의 그룹 내에 속한 브랜드들이었고, 같은 회사 다른 브랜드 담당자들이었다.

엘카ELCA라고도 불리는 에스티로더그룹의 가장 대표적인 브랜드가 에스티로더다. 다른 두 회사는 크리스찬디올, 겔랑, 프레쉬, 베네피트 등을 소유한 LVMH그룹과 랑콤, 비오템, 키엘, 슈에무라, 바디샵 등을 소유한 로레알그룹이다. 난 결국 100여 개 글로벌 브랜드와 소통한 것이 아니라 3개 글로벌 회사 그리고 국내 화장품 회사와 마케팅에 대한 업무를 진행해온 셈이다.

세계 유대인의회 회장인 로널드 로더는 2004년 작고한 에스티 로더의 아들이다. 그는 재산이 〈포브스〉 추산 28억 달러(약 3조 원)에 이르는 엄청난 갑부다. 에스티로더 그룹이 갖고 있는 브랜드만 해도 바비브라운, 맥, 크리니크, 아베다, 에스티로더, 달팡, 오리진스, 라메르, 조말론, 아라미스, 랩시리즈, 톰포드뷰티, 미소니, 마이클코어스, 토미힐피거 등 백화점 화장품 매장의 3분의 1을 채우고도 남는다. 비단 한국 백화점뿐 아니라 세계 모든 백화점이 마찬가지이니 그 영향력은 엄청나다고 할 수 있다. 화장품 외에도 수십 개의 텔레비전 채널과 미디어 회사를 거느리고 있는데, 우리가 자주 구입하는 화장품이 유대인의 자본력을 형성하는 데 보탬이 되었을 것이다.

　미국 인구의 고작 2퍼센트에 불과한 유대인이 미국 400대 부자의 25퍼센트를 차지하고 있다. 어떻게 이런 일이 가능했을까? 잘 알려진 사실이지만 에스티로더 외에도 골드먼삭스, 모건스탠리, 구글, 마이크로소프트, CNN, ABC, 뉴욕타임스, 디즈니, 랄프로렌, 페이스북과 같은 유명 회사나 브랜드의 창업자, CEO, 고위 관계자들은 유대인이다. 더 찾아보면 훨씬 더 많은 친숙한 브랜드의 주인들이 유대인이라는 것을 쉽게 알 수 있다. 구글에서 부자 유대인rich jewish이라고 쳐보면 익숙한 이름과 얼굴들이 우르르 쏟아질 것이다.

　재미있는 것은 미국 인구의 2퍼센트에 불과한 유대인이 사회 핵심 영역에 속한 비중이 압도적으로 높다는 사실이다. 19세기 중반, 20만 명의 유대인이 핍박을 피해 독일 및 기타 유럽 국가에서 미국으로 건너가기 시작해 1882년부터 시작된 대규모 이민과 함께 200만 명의 유대인이 폴란드, 러시아, 우크라이나, 벨라루스 등에서 미국으로 넘어갔다. 초반에는 헨리 포드 같은 기업가들의 반유대주의 캠페인과 유대인을 배척하는 사회 분위기로 인해 취업이 쉽지 않았다고 한다. 미국에서 차별 받는 소수 인종이면서 이민 전 부모 세대가 유럽에서 사회주의에 가까웠기에 주로 노동조합과 파업 등에 깊이 관여하기도 했다.

자본주의 땅에서 펼쳐진 유대인의 강점

그렇게 차별받던 유대인들이 어떻게 급속도로 성장해 세계 경제의 패권을 쥐게 되었을까? 이는 자본주의가 요구하는 태생적 기질과 유대인의 교육, 기질, 약자로 살아남아야 하는 절박한 상황들이 잘 맞물려 돌아갔기 때문이다. 유대인들은 초창기 주도권을 쥘 수 있고 창의적으로 일하는 분야에 뛰어들었다. 이미 성숙된 시장보다 맨땅에서 실행 전략을 세우고 시장을 개척하는 영역이었는데, 유대인 특유의 기업가정신과 자발적 사고, 네트워크 활용, 빠른 습득력이 더해져 높은 부가가치를 만들어 낼 수 있었다.

유대인들이 끊임없이 질문하는 하부르타 방식(짝을 지어 질문하고 대화하며 토론하고 논쟁하는 것)으로 자녀를 교육한다는 것은 잘 알려진 사실이다. 기존의 가치와 사고방식을 그대로 받아들이지 않고, 끊임없이 새로운 것을 탐구하고 발상의 전환을 시도하는 것은 유대인의 민족성이었다. 가난하고 차별 받는 이민자들이 살아남기 위해서는 공부에 매진하여 속한 집단에서 선두에 들어야 자기 몫을 가져갈 수 있었다.

책 《유대인의 자녀교육》에 따르면 어릴 때부터 유대인 부모는 아이들에게 질문과 반문을 거듭하지만 정답을 알려주지는 않는다고 한다. 어차피 정답은 없고, 모든 생각이 정답이 될 수 있다고 생각하는 것이다. 동화책을 읽어줄 때 백설 공주는 멍청한 게 아닐까? 왜 하필 백설 공주를 구한 사람이 난쟁이일까? 왜 마녀는 다른 많은 방법을 두고 독사과로 공주를 죽이려 했을까? 공주는 왜 번번이 마녀에게 알면서 당할까? 왕자는 왜 죽어 있는 사람에게 키스를 했을까? 이와 같이 끊임없는 질문을 던져 창의적인 생각을 자극하는 것이다.

또한 유대인은 어릴 때부터 경제활동을 시키며, 가정에서 부모의 일을 함께 도와 경제생활에 참여시키고, 기술을 가르쳐 직업에 대한 준비를 시킨다고 한다. 가정경제를 직접 체험하면서 돈을 버는 자세를 배운다. 그리고 유대인은 어릴 때부터 육체노동과 그 가치로 남에게 자선을 베푸는 것에 대해 교육한다고 한다. 또 경제가 움직이는 상황에 대한 끊임없는 질문과 자극을 던져서, 돈이 움직이는 메커니즘을 파악하게 하고 돈을 스스로 관리하고 운용할 수 있는 힘을 실어준다.

지금 미국과 세계를 움직이는 부자 유대인들의 할아버지 세대는 단돈 2달러를 들고 온 가족을 이끌고 미국에 왔지만, 자식들만은 유대인 조직들과 먼저 정착한 친인척들의 학자금 지원을 받아 의사나 박사, 금융가, 뛰어난 사업가로 자라났다. 창업에 있어서도 기존 사업 영역에서는 여전히 유대인에 대한 차별이 존재했기 때문에 견제하는 사람이 많지 않은 곳에 깊게 우물을 팠다.

기존의 잘나가는 은행에 취직하지 않고 불안정하지만 투자은행이라는 간판을 달고 금융 사업을 시작했다. 유대 자본이 미국 영화 산업에 뛰어들어 지금은 할리우드가 세계 미디어들 위에 군림하게 된 것도, 하이테크와 IT 산업을 움직이고 있는 것 또한 모두 그런 투자의 결과물이다. 슬프게도 그 결과물 덕에 미국 경제에 의존하는 나라들은 교묘하게 그들이 움직이는 산업의 흐름에 따라 돌아가고 있고, 그들이 보내는 미디어 메시지에 놀아나기도 한다.

두 번째 특성으로는 한 분야를 깊이 파는 탐구력이다. 학업이든 어느 특정 분야에 대한 탐구든 깊이 파야 한다. 일반 대학에서 유대인을 받아주지 않았을 때는 전문대로 가서 기술을 익혔다. 나중에 대학 입학 차별이 없어진 뒤에는 유대인들이 학문의 주도권을 장악하고 권위 있는 학파를 만들어내 대학문화의 선두 자리를 차지하게 되었다. 어릴 때부터 학습된 강한 학구열이 커서도 집요한 근성으로 연결돼 학문적 성취를 이뤄낸 것이다.

그렇다면 학구열과 머리 좋은 것은 한국인도 만만치 않은데 어떤 점이 다를까? '백설 공주는 왕자를 만나 행복하게 살았다'라는 동화를 읽고 자란 아이와, '왜 하필'이라는 질문을 끊임없이 하면서 이야기를 소화하는 과정에서 곧이곧대로 받아들이지 않고 삐딱하게 고개를 돌려 숨겨진 원리를 찾아내는 자세의 차이가 아닐까 싶다.

세계 방방곡곡에 중국집이 있는 이유

세 번째 특징으로는 뛰어난 인적 네트워크를 꼽을 수 있다. 2000년에 나는 스페인어 어학연수를 위해 스페인 살라망카에 있었다. 아주 작은 시골 마을로 여행을 가도 한국인은 거의 없었지만 중국 식당은 어딘가에 항상 있었다. 남미 교포인 친구의 이야기로는 멕시코, 아르헨티나, 페루, 볼리비아 등의 남미에서 중국 사람들은 누가 이민을 오면, 모두 돈을 모아 중국집을 차려주거나 초기 정착금을 서로 지원해준다고 한다.

그러나 한국 사람들은 좀 다르다고 한다. 도와주겠다며 다가온 한국 사람에게 결국 이민 정착금을 홀랑 사기 당한 사례가 많다는 것이다. 친구 부모님도 이민 초기에 도와주겠다는 한국 사람에게 정착금을 날린 아픈 경험이 있었다. 오죽하면 외국에 나가면 한국 사람을 조심하라는 말도 있겠는가.

유대인은 2천 년 전 나라를 잃고 흩어져 이민에 이민을 거쳐 미국에 도착한 소수민족으로, 수가 적기 때문에 똘똘 뭉쳐야 했다. 오직 실력으로 인정받는 '메리토크라시meritocracy(성과주의)'의 미국사회에서 그런 근성은 더 큰 힘을 발휘할 수 있었다. 이민 초기에는 힘이 없어서 오직 살아남기 위해 서로를 도왔지만, 점점 강한 네트워크를 구축하여 먼저 성공한 분야의 전문가와 친인척, 재력가들이 서로를 도와주는 것이다. 돈이 되는 곳에 투자하고 밀어주는 네트워킹이야말로 유대인의 영향력을 키운 중요한 핵심 요소다.

사실 이러한 유대인의 강점은 아주 무서운 점이기도 하다. 세상을 움직이는 수많은 은행과 금융회사, 방송, IT, 산업기술들을 장악하고 있고, 그 힘으로 교묘하게 자신들을 위해 유리한 시나리오로 많은 것을 움직이고 있기 때문이다. 학창시절 영어 공부를 위해 미국 뉴스를 열심히 듣곤 했다. 들리든 안 들리든 죽으나 사나 반복해서 듣다 보면 귀가 뚫리겠지 하는 심산이었다.

이렇게 무차별적으로 접한 당시의 뉴스들은 당연히 미국, 그중에서도 방송계를 움직이는 소수의 유대인 중심으로 취재되고 보도되는 편파적인 방송일 수밖에 없었다. 나 또한 나중에서야 미국 및 세계 주요 언론사들이 이스라엘과 팔레스타인 분쟁을 다

룰 때 비쳐지는 세계관이 객관적인 시선이 아니라는 것을 알게 되었다. 이렇게 유대인은 금권을 통해 많은 부분에서 권력을 행사하고 있으며 자본주의 메커니즘을 꿰뚫고 자유자재로 움직일 수 있는 힘을 지니게 되었다.

나는 어렸을 때 경제 교육을 제대로 받지 못했다. "돈을 아껴 써라"라는 말만 들었지, 어떻게 아껴 써야 하는지도 몰랐고, 부모님은 당신의 허리띠는 졸라맬지언정 내게는 모든 것을 베풀었다. 그래서 부족한 것 없이 늘 하고 싶은 대로 살 수 있었다. 너는 다른 거 신경 쓰지 말고 공부나 열심히 하라는 것이 내가 물려받은 경제교육이었다.

부모님의 바람대로 무탈하게 큰 나는 "부족함 없이 이렇게 잘 키워주셔서 감사합니다"라고 말해야 하지만, 사실 나는 부모가 되면 내 아이에게 모든 것을 베풀지 않을 것이다. 대화가 통하는 나이가 되면 그때부터 노력하고 얻는 것, 아끼고 감내하는 법, 건전한 육체노동을 통해 가치를 만들어 내고 남을 도울 수 있는 방법에 대해서 함께 고민하고 실행할 것이다. 다 커서, 대학에서 경제학, 경영학을 공부한다고 해서 돈과 가까워지는 것은 아니다. 어릴 때부터 삶에서 시작하는 자연스러운 놀이와 남다른 사고방식, 다양한 인생 공부를 통해서만이 세상을 풍요롭게 하는 기술과 가치들을 만들어 낼 수 있는 것이다.

재클린 케네디의 피묻은 샤넬 재킷

MBA엔 학계에 평생 몸담은 교수들뿐만 아니라 정부 정책기관과 월스트리트, 투자은행, 기업 고위 간부 등 실전 경험이 화려한 교수들이 많았다. 그중 프랜시스 워녹이라는 점잖은 교수가 있었다. 그는 교수가 되기 전 미국 달러의 흐름을 결정하는 연방준비제도이사회에서 글로벌 금융 정책을 관장하는 수석경제학자로 일했다고 한다.

그렇다면 워녹 교수는 우리나라로 치면 기획재정부와 같은 곳에서 오래 일한 공무원이었을까? 결론부터 말하자면 공무원은 아니다. 연방 Federal 이라는 단어의 꼼수가 많은 사람들을 헷갈리게 하고, 달러를 관장하는 곳이 막연히 미국 정부일 거라는 착각 때문이다. 이 꼼수는 우리가 그냥 지나치기엔 매우 중요한 사실을 내포하고 있다.

언뜻 보면 연방준비은행이 미국 정부 기관이든 아니든 한국에서 사는 나와 별 상관이 없는 듯싶다. 하지만 전 세계 거래의 기준이 되는 기축통화가 달러인 관계로, 미국을 제외한 모든 나라들이 미국 달러의 향방에 귀를 쫑긋 세울 수밖에 없다. 치사해도 달러에 맞춰 움직이지 않으면 불리한 세상에서 살고 있는 것이다. 중국이라는 나라가 달러 중심주의 세상에 맞서 균열을 내보려고 애쓰고 있지만, 어쨌거나 아직까지 세상은 달러를 중심으로 돌아가고 있다.

우선 헷갈릴 수 있는 용어부터 먼저 정리해보면 이렇다. 우리가 부르는 연방준비은행Federal Reserve Bank, 연준, 페드Fed는 미국의 중앙은행이다. 연방준비은행은 연준 이사회와 12개 지역의 연방준비은행 등으로 구성되는데, 연방준비제도이사회Federal Reserve Board라고 불리는 FRB는 연방준비제도의 최고 의결기구인 셈이다.

이 막강한 권력을 가지고 있는 FRB의 의장은 사실상 미국 대통령보다 더 큰 힘을 쥐고 있다. 미국 대통령은 임기가 4년이고 잘해봤자 재선되어 8년을 하지만 앨런 그린스펀은 무려 16년 동안 의장으로 있었다. 그 후 조지 W. 부시 당시 대통령의 지명으로 벤 버냉키가 2006년 연준 의장이 되었다. 내가 듣던 경제학 과목의 워녹 교수가 바로 벤 버냉키 밑에서 연방준비제도이사회 글로벌 금융 정책을 수립했다고 한다. 현재 의장인 재닛 옐런이 언급하는 금리 이야기는 미국뿐 아니라 세계 모든 나라에서 주목하는 초미의 관심사다.

이렇게 겉으로 미국 대통령이 의장을 임명하는 연방준비은행은 사실 씨티은행과 J. P. 모건체이스 등의 일부 은행이 소유한 민간 컨소시엄에 불과하다. 우리나라 원화를 한국은행이 아닌 신한은행과 국민은행 같은 시중은행에서 발행하고 통제한다고 생각하면 이해가 빠를 것이다. 한마디로 달러, 즉 세계 경제는 미국 정부가 아니라 국제 금융가들이 세운 독립 법인에 불과한 곳에서 쥐락펴락하고 있다는 뜻이다. 씨티은행은 록펠러재단 소유이며, 영국계 금융업자의 대리인이었던 존 모건이 세운 금융기업이 J. P. 모건체이스다. 12개 연방준비은행 중 가장 영향력이 큰 곳이 뉴욕연방준비은행인데, 전체 연방준비은행의 과반수 지분을 소유하고 있다. 이 지분을 거머쥔 것도 역시 모건재단과 록펠러재단이므로 확실히 두 막강 가문이 달러의 물길을 꽉 틀어쥐고 있는 것이다.

미국 정부는 민간 은행에 달러를 빌려오고 그 대신 빚을 지게 되었다. 미국의 모든 통화는 민간 은행에 대한 빚으로 이루어져 있다. 이는 은행가들이 그저 장부에 회계 처리를 하는 것으로 발행한 돈이다. 미국 정부가 민간 은행의 손아귀에 완전히 넘어가기 시작한 것은 1791년이었다. 독립전쟁으로 빚이 많았던 미국이 영국 자본가들의 지배에서 벗어나고 미국 스스로 경제 난관을 해결하기 위해 민간 은행 모델을 제출한 재무부 장관 해밀턴의 법안을 당시 대통령이던 조지 워싱턴이 승인하면서부터였다. 그 후 1913년 연방준비법이 통과되면서 미국 정부는 스스로 돈을 찍을 수 있는 능력을 상실하고 '통치자가 국민에게 영구한 채무를 떠넘기는' 민간 은행의 빚에 예속될 수밖에 없는 구조가 되었다.

케네디가 암살당한 날

존 F. 케네디 대통령 암살의 배후세력은 밝혀지지 않았지만, 여러 음모론 중에서 민간 은행 카르텔이라는 설도 꽤나 설득력 있게 다뤄지고 있다. 음모론의 내용은 이렇다.

케네디는 암살되기 몇 달 전, 1963년 6월 3일에 대통령령 11110호에 서명했다. 이 내용은 통화 발행권을 연준으로부터 되찾아오는 것이었다. 그러나 몇 달 후 케네디는 암살당했고 그가 준비한 새로운 화폐 100달러짜리 지폐는 유통되지 못했다. 케네디 대통령은 재임 기간 동안에 재무부 장관에게 새로운 1달러짜리 합중국 보증서를 찍어서 유통할 권한을 주었지만, 그가 죽고 난 뒤 대통령직을 승계한 린든 B. 존슨이 그 권한을 회수하고 보증서를 몽땅 연방준비은행폐로 바꾸었다. 케네디의 계획이 성공하면 미국 정부는 민간 은행에서 달러를 빌리고 세금으로 고금리의 이자를 내야 하는 상황에서 벗어날 수 있었지만 결국 뜻을 이루지 못했다.

퍼스트레이디인 재클린은 케네디의 유해가 워싱턴공항에 도착했을 때에도 여전히 피살 당시 남편의 피가 묻은 분홍색 샤넬 트위드재킷을 입고 있었다. 그 이유는 "저들에게 자신들이 지은 죄악을 보여주기 위해서"였다고 한다. 이때는 정신이상자라는 케네디 암살자 오즈월드가 이미 체포된 후였다. 그런데도 재클린이 말한 '저들'이 누구인지는 여전히 미궁이다. 케네디가 피살된 11월 22일이 53년 전에 민간 금융 카르텔이 민간 연준을 만들기 위해 모임을 가졌던 날짜와 같은 것은 우연의 일치로 해두겠다.

내가 깊이 탐독했던 엘렌 브라운의 《달러》에서는 이를 이렇게 설명하고 있다.

"이들의 통제와 조작에 따라 인플레이션이나 디플레이션이 반복적으로 일어나며, 그때마다 개인과 기업, 정부의 부는 어디론가 사라진다. 하지만 우리 대부분은 이것이 경기의 불가피한 순환이라거나, 정부의 통화정책 또는 환율정책에 따른 것이라고 믿는다. 소수의 은행가들이 뒤에서 이런 일을 저지르고, 세계의 모든 부를 자신들의 주머니에 쓸어담고 있다고는 아무도 상상하지 않는다. 그런 의미에서 국제 은행가들의 음모는 완벽하게 작동하고 있다."

1997년, 한국의 많은 아버지들이 평생직장을 잃고, 가정주부로 살아온 어머니들이 돈을 벌기 위해 육체노동의 일자리로 갑작스럽게 내몰렸던 IMF의 기억이 있을 것이다. 한 나라의 화폐 가치를 곤두박질치게 하고, 통화정책을 고정환율이 아닌 변동환율제를 채택할 수밖에 없도록 해 달러로부터 절대 독립할 수 없게 했다. 당시 IMF를 통해 한국의 경제를 마음대로 주무른 것은 결국 달러를 쥐고 있던 국제 민간 금융업자들이었다.

그렇다면 그들은 어떻게 금리를 결정하고 통화량을 조절하고 있을까? 돈이라 하면 조폐공사 같은 곳에서 찍어내는 돈이 가장 먼저 생각난다. 그러나 실제로 주화나 지폐가 아닌 컴퓨터 모니터 숫자로 존재하는 돈이 실질적인 통화량의 대부분이다.

누군가 은행에 가서 1억 원을 빌린다면 은행은 1억이라는 실물 지폐를 추가로 발행하는 것이 아니다. 컴퓨터 화면상에서 숫자를 늘려 대출을 해주는 것뿐이다. 은행은 화면상의 돈만 빌려주는데 이자 수익이 발생한다. 또 모든 사람이 한꺼번에 예금을 찾으러 오지 않는다. 그 때문에 나라에서 정해놓은 지급준비율만 유지하면 이 시스템은 유지되고 은행은 가만히 앉아서 보유한 돈보다 더 많은 돈을 빌려주고 이자 수익을 얻을 수 있다.

학교에서 배운 경제

달러라고 하는 통화 역시 미국 조폐공사에서 찍는 진짜 돈은 10억 달러에 못 미친다. 이는 2004년 기준으로 전체 통화량의 2.4퍼센트에 해당한다고 한다. 가령 한 나라의 통화량이 1,000만 원이라고 할 때 실물 화폐로 찍어 유통되는 돈은 24만 원에 불과하다는 뜻이다. 결국 97.6퍼센트가 화면상에만 존재하는 보이지 않는 돈인 것이다.

달러 통화량이라고 하는 것은 지폐와 주화에 신용, 그리고 쉽게 현금화할 수 있는 유동증권의 총량이다. 미국의 통화지표는 M_1, M_2, M_3로 나누어져 있다. M_1이 주화, 화폐, 당장 돈으로 찾아 쓸 수 있는 당좌예금이며, M_2는 보통예금 계좌, MMF(머니마켓펀드), 정기예금이다. 통화량에서 가장 큰 비중을 차지하는 M_3는 기관투자가 및 기타 대형 정기예금, 유로달러(해외에서 유통되는 미국 달러)를 합친 것이다.

문제는 2006년부터 미국이 M_3 통화량이 얼마인지 발표를 중단하기로 했다는 데 있다. 왜 중단했을까? 이는 불리한 사실을 감추기 위해서다. 그럼 누구에게 불리한 사실일까? 바로 앞에서 말한 민간 은행가들이다.

미국의 3대 대통령 토머스 제퍼슨은 이렇게 말했다.

"우리가 은행들에게 통화 발행의 권한을 준다면, 그들 주변에서 생겨나게 될 은행과 회사들이 인플레이션과 디플레이션을 번

갈아 일으켜 국민의 재산을 몽땅 빼앗아갈 것이다. 우리 자식들은 조상들이 살던 땅에서 집도 없는 신세가 될 것이다."

자연스러운 경제 흐름인 줄만 알았던 인플레이션과 디플레이션은 소수의 힘에 운영되는 메커니즘이었고, 이 주기를 뜻대로 움직여 호황일 때나 불황일 때나 돈을 거둬들임으로서 세계 경제가 돌아가고 있다는 사실. 소설에 나오는 이야기 같지만 현재 벌어지고 있는 현실이다.

MBA 정글에서도 관계가 좋아야 살아남는다

보통 미국 MBA에는 긴 정식 학교 이름 외에 애칭 같은 짧은 이름이 있다. 하버드대 MBA의 경우는 간단히 줄여서 HBS(Harvard Business School)라고 하며 펜실베이니아 주립대 MBA는 와튼, 노스웨스턴대 MBA는 켈로그, MIT의 경우 슬론이라 불렀다. 내가 속했던 버지니아 주립대 MBA 같은 경우도 설립자의 이름을 따서 다든 또는 다든스쿨로 불렀다.

학교마다 수업 방식은 크게 두 가지로 나뉜다. 강의 중심의 수업과 토론 중심의 케이스 스터디(사례 연구) 방식이다. 다든은 케이스 스터디로 유명한 학교였다. 시험에 강하고 영어 토론에는 자신이 없는 인터내셔널(해외에서 유학 온 학생들) 학생들에게는 당연히 강의 방식이 유리하다. 케이스 스터디는 유학생들을 주눅들게 만드는 구조다. 수업에 들어가기 위해서는 사전에 주어진 케이스 교재를 읽고 분석해야 하는데 한 수업을 듣기 위해 준비해야 하는 하나의 케이스는 10~20페이지 분량이다. 이를 수업 전날 완전히 파악하고 준비해야 한다. 자료에는 상황에 대한 설명과 질문이 있고 재무, 글로벌 경제, 회계 등 각 케이스에 필요한 실질적인 이론 내용과 이를 뒷받침한 테크니컬 노트가 뒤에 함께 구성되어 있기 때문에 사례를 통해서 함께 토론하고 실질적인 경영, 경제 지식을 쌓게 해준다.

강의시간 100분 동안 교수들은 모든 학생들의 얼굴을 보고, 언제든지 이름을 부를 수 있다. 교실은 반구 형태로 교수가 서 있는 가운데 중심이 제일 낮고, 교수를 중심으로 삥 둘러 책상이 있는데 점점 한 층씩 높게 설계되어 학생들의 얼굴이 모두 보이는 데다 학생들 책상 앞에 이름표가 크게 써 있기 때문에 "누구는 어떻게 생각하지?"라는 질문을 날릴 수 있다.

대부분은 서로 앞다퉈 자신의 의견을 먼저 발표하고 싶어 손을 든다. 그러나 준비가 안 되어 있을 것 같거나 평소 의견을 많이 제시하지 않거나, 잠시 멍하니 다른 생각을 하고 있는 학생에게는 교수가 불시에 이름을 불러 질문하는 콜드 콜 Cold call을 한다. 말 그대로 차가운 지목이다. 왜 무서운가 하면 학점의 30~50퍼센트가 수업 참여 점수로 구성되는데 수업시간에 너무 말을 안 해도, 말을 했는데 다른 사람의 시간을 갉아 먹을 만큼 의미 없는 말만 해도 안 되는 것이다. 대신 한마디 짧게 질문을 해도, 교수가 느끼기에 신선한 질문이거나 수업을 끌고 나가는 데 큰 도움이 되는 질문이라면 그 시간 참여 점수는 제대로 받을 수 있다. 문제는 수업 참여는 매시간 수업마다 책정되므로 하루하루 전쟁을 치러야한다는 점이다.

케이스 스터디의 효율을 높이기 위해 다든에서는 팀을 짜서 운영하는데, 학교에서 입학과 동시에 1년간 함께할 6명의 스터디 동지를 짜준다. 대개는 미국 학생 4명, 유학생 2명으로 구성된다. 우리 팀은 백인 미국인 남자 3명, 흑인 미국인 여자 1명, 일본인 남자 1명, 그리고 나(한국인 여자)로 구성되었다.

오전 수업이 끝나면 점심을 먹고, 다음 날 수업에 쓰일 케이스들을 미리 정독하고 토론하고 필요하다면 엑셀 모델을 짜고 문제를 풀어본다. 그리고 저녁을 먹고 7시에 팀 방에 모여 함께 또 예습을 준비한다. 여기서 1차 토론을 한 뒤 1차로 답을 도출하는데 분량 자체가 많고 어려운 과제들이므로 10시에나 겨우 끝나게 된다. 다음 날 아침부터 시작되는 수업에서 전날 준비한 자료를 바탕으로 열심히 손 들어가며 교수가 이끄는 수업을 듣게 된다.

이렇게 수업 구조 자체가 혼자서 공부하는 것이 아니라 하루 종일 다른 사람과 함께 공부하고 토론할 수밖에 없다. 인터내셔널 학생들의 경우 영어에 취약한데 스터디 팀을 통해 어쩔 수 없

이 말을 많이 시도하게 되고 입학하자마자 매일 보는 친구들이 생기게 되어 도움이 많이 된다. 영문 이력서나 한국의 자기소개서와 비슷한 커버레터를 작성하거나, 영어 면접을 준비할 때에는 팀 친구들이 직접 교정도 봐주고 영어 면접을 도와주기도 한다.

반면 유학생 중에는 숫자에 강하고 논리적인 분석력이 좋은 친구들이 많다. 정교한 엑셀 모델을 만든다거나 숫자로 상황을 풀어내야 하는 경우 말없이 큰 도움을 주기도 한다. 그래서 수업시간에 자리에 앉으면 학생들의 노트북 화면이 서로 다 보이는데(책상이 계단식 구조이므로) 말을 주도하는 것은 아무래도 영어에 유창한 현지 학생들이지만, 그들이 펼쳐서 보고 있는 엑셀 모델은 한국인 김아무개, 박아무개 것인 경우가 많았다.

최초의 학생회장이 된 흑인 친구

보통 MBA에 입학하기 전 직장생활 경험을 적게는 2년 많게는 10년, 평균적으로 3~6년 정도 쌓고 진학하므로 사회생활 경험이 있는 학생들이 대부분이다. 어쩌면 어렸을 때부터 똑똑하다고 자부하면서 살았을 친구들도 많을 것이다. 그러나 MBA에서 좋은 성적을 거두고, 화려한 취업 제안을 여러 개 받아내는 친구들을 보면 머리만 좋은 친구들보다 대부분 사교성 좋은 친구들이었다.

수업시간에 상대방을 공격하기 위한 질문이나, '나만 똑똑해'라는 치기 어린 톤으로 시간을 잡아먹는 질문보다는 미숙하게 누가 던진 질문이지만 그 질문에 하나를 더 보태고, 성숙한 답을 만들어 내고, 상대방의 질문을 잘 들어주면서 자기만의 날카로운 포인트를 살려내는 친구들이 수업에서 빛나는 에이스다. 이런 친구들은 운동도 열심히 하며 여러 단체활동과 파티에도 자주 참석해 친구들과 잘 어울리는 등 사교성이 좋다. 수업과정에서도 남을 존중하고 배려하는 성품이 자연스레 드러나 좋은 점수를 받을 수밖에 없다.

사회에서는 혼자 해서는 잘할 수 있는 일이 없고 혼자 잘나서 해결되는 일도 없다. 때문에 사람과의 관계가 중요한 IB(국제은행International Bank) 면접관들은 하루가 멀다 하고 학교에 와 학생들의 전반적인 면모를 살핀다. 월스트리트에서 차로 5시간, 비행기로 1시간 거리이지만 바쁜 뱅커들이 와서 회사 설명회와 칵테일 파티, 간혹 저녁 자리까지 반복적으로 만들어가며 회사 홍보를 한다. 사실 이렇게 계속되는 회사 홍보의 숨은 목적은 따로 있다. 후보자들의 평소 태도를 관찰하기 위함이다. 사교적이고 성숙한 사람인지, 혼자 잘나서 떠드는 사람인지 캐주얼한 자리에서 뜯어보는 것이다.

세 달에 한 번 정도는 주말에 차로 쭉 달려서 100마일 정도(한국으로 치면 대략 서울과 대전 정도의 거리) 떨어진 워싱턴 D.C.의 대형 한인 마트와 미용실에 가곤 했다. 길치인 나는 내비게이션의 안내에 따라 백악관 근처에 들어섰다. 꼼짝달싹 할 수 없었는데, 하필이면 오바마 대통령 취임식 날에 내비게이션이 알려준 가장 짧은 길이었던 백악관 앞길을 지나고 있었던 것이다. 미국사에 한 획을 그으며 흑인 대통령이 탄생한 날 기뻐하는 시민들의 행렬에 내 차는 아예 움직이질 못했다.

내가 2학년 때 남부지역의 보수적인 학교였던 다든에서도 최초로 흑인 학생이 경영대학원 학생회장으로 선출됐다. 친 네이섬이라는 아프리칸 계열의 미국 친구였는데 항상 하얀 이와 눈빛이 따뜻하게 빛나는 친구였다. 겸손하게 말하면서도 자기 확신과 자존감을 잃지 않았다.

간혹 수업 진도를 따라잡지 못하는 친구들, 특히 언어 문제로 더욱 힘들어하는 유학생이 도움을 요청하면 기꺼이 늦게까지 남아서 차근차근 설명해주던 친구였다. 그에게 도움을 받은 많은 친구들이 그를 뽑지 않을 이유가 없었다. 주머니 속 향주머니는 가만히 있어도 향기를 드러낸다는 말이 있듯이, 네이섬 같은 친구는 어떤 자리에서도 면접관들과 대화를 성숙하게 이어나간다. 일부러 말하지 않아도 지혜와 인품이 절로 드러나게 된다.

가장 빛나는 사람은 주위 사람을 밝혀주는 사람이라고 한다. 학교에서도 회사에서도 각자 평가를 받지만 그 평가의 중심에는 팀워크가 있다. 서양이건 동양이건 인정받는 사람에게 나타나는 특징은 대체로 비슷했다. 남을 배려하며 함께 손을 잡고 나아가고자 하는 사람이었다.

엄마의 양적완화 정책

여자들이 가끔 멋 부리기에 집중하다 보면 옷도 많이 사게 되고 신발도 많아진다. 나 역시 멋 부리는 재미에 빠졌을 때가 있었다. 백화점에서 화장품도 사고 철마다 옷을 구입하고 패션잡지를 탐독하며 내일 입을 옷도 맞춰보곤 했다. 이럴 때 엄마는 쓸데없이 옷 사는 일에 돈을 써댄다며 아껴 쓰라고 단단히 타이르곤 하셨다. 그러다가 한동안 다른 것에 집중하다 보면 멋 내기에 관심을 뚝 끊어 버리고 미용실에도 드문드문 가게 되고 화장하는 것도 귀찮아 맨 얼굴로 다닐 때가 많다.

포항 부모님 집에 가려면 가벼운 발걸음이 최고다 싶어 가장 편한 옷차림에 운동화를 신고 내려가면 엄마는 되레 이러신다. 여자는 꾸며야 한다고. 너무 안 꾸미고 다녀도 안 된다며 옷 좀 사 입으라고 한다. 오랜만에 집에 내려오면서 왜 하필 제일 후줄근하게 내려오느냐, 아파트 사람들이 몇 호 딸내미인지 다 아는데 좀 신경 쓰고 오라며 성화를 부리신다. 엄마가 늘 다니는 시장에 슬리퍼를 신고 집에서 입는 옷 그대로 따라가려고 하면 화장하고 예쁜 신발 신고 가자고 하신다.

아버지는 내가 들고 다니던 명품가방의 가격이 얼마인지 모르고 계셨다. 세상물정을 속이는 것만 같아 언젠가 실제 가격을 알려드렸더니 눈이 휘둥그레지며 왜 이런 걸 샀느냐고 놀라셨다. 그런 아버지도 한 번은 약 2개월가량 지속되는 반영구 속눈썹을 길게 붙이고 내려갔더니 한 번 하는 데 8만 원이라 비싸다고 말해도, 내가 인형처럼 예쁘다며 어린아이처럼 좋아하셨다. 내 속눈썹이 깜박거리는 것을 빤히 관찰하면서 좋아하시는 모습을 보니, 그동안 내가 부모님께 좋은 모습을 보여드리지 못했구나 싶었다.

늘 이렇게 헷갈린다. 어느 장단에 춤을 추어야 하는지, 어떻게 돈을 쓰라는 건지 부모님의 기대치와 내가 취해야 하는 그 미묘한 균형을 맞추기가 어렵다.

돈을 쓰라는 건지 말라는 건지, 어디까지 쓰라는 건지, 상대편이 어디까지 만족하고 어디에선 위험하다고 신호를 보내는지, 그리고 내가 원하는 것과 소비를 할 수 있는 범위는 어디까지인지 균형잡기가 쉽지 않다. 이렇게 다른 두 개의 기준이 팽팽하게 줄다리기를 하다가 만나는 균형점에서 내가 어느 수준까지 몸치장하는 데 신경을 써야 하는지, 어느 수준 이하로는 내려가면 안 되는지가 정해지는 것이다.

왜 갑자기 이런 이야기를 장황하게 하냐면 거시경제 관점에서 바라보는 통화 정책, 수요, 저축, 물가 안정 또한 비슷한 맥락에서 해석될 수 있기 때문이다. 한 나라를 기준으로 국민들이 저축에만 집중하고 지갑을 닫아 버리면 경제가 제대로 돌아가지 않는다. 기업들은 돈을 풀어 투자도 해야 하고 개인은 지갑을 열어 소비도 어느 정도 해야 한다. 그러다 돈이 넘쳐나면 인플레이션이 되고 돈이 돌지 않아 흐름이 꽉 틀어 막히면 디플레이션이 급속화된다.

많은 변수들이 널뛰고 안정된 접점을 찾지 못할수록 경제는 어려워지고 예측도 힘들어진다. 우리는 그 혼란 속에서 돈을 벌고 소비를 해야 한다. 균형 잡히고 안정된 경제를 꾸려가기 위해서는 현재의 흐름을 읽고 미래를 준비해야 한다.

헬리콥터 벤과 아베노믹스

MBA를 졸업한 지금까지도 가장 기억에 남는 과목이 있다. 글로벌 거시경제를 주로 다뤘던 글로벌경제와 시장 Global Economies and Market

과목으로 젬GEM이라고 부르기도 했다. 1학년 필수 과목이었으므로 같은 과목을 가르치는 교수가 여러 명 있었는데, 나는 강의 스킬이 단연 돋보이는 젊고 멋있는 히스패닉계 교수의 강의를 들었다. 세련된 강의 매너에 수업에 집중하다 보니 나중에는 가장 좋아하는 과목이 되어버릴 정도로 그 교수의 강의 내용에 빠지게 되었다.

대학에서 스페인어를 전공했던 나는 경영대 수업과는 담을 쌓으며 살았고 거시경제 수업을 따로 들은 적은 없었다. 맨큐의 경제학도 몰랐고, 고등학교 정치경제 수준의 얄팍한 지식이 전부였지만, 훗날 대학원에서 배운 거시경제 수업 내용도 큰 관점에서 생각해보면 수요와 공급 곡선에 의해 가격이 결정되는 정치경제적 이론과 닮은 점이 많았다. 결국 경제도 세상 공부였고, 우리 삶의 밀접한 이야기를 특정 언어로 풀어낸 과목이었다.

중앙은행의 역할 중 하나는 통화 정책을 통해 경제 성장과 물가 안정을 도모하는 것이다. QE(Quantitative Easing)라고 하는 양적완화는 돈을 풀어 화폐량을 늘리는 정책이다. 돈을 풀기 위해서는 금리를 낮추는 방법도 있고, 국채를 사들이는 방법도 있고, 돈을 많이 찍어 내는 방법도 있다. 양적완화를 수행하는 시점은 대개 금리가 낮아질 대로 낮아진 상태다. 더 이상 금리로 경제 정책을 조정할 수 없는 상황이 되면 통화 정책을 펴게 되는데 대부분은 국채를 사들이는 방법으로 양적완화를 진행한다.

연준 의장이었던 벤 버냉키의 별명은 헬리콥터 벤이었다. "헬리콥터로 공중에서 돈을 뿌려서라도 경기를 부양하겠다"라는 강력한 의지를 보여준 그는 실제로 디플레이션의 위기에 서 있던 미국에 약 2조 달러(약 2,200조 원)를 풀어 미국 시장을 부양했다.

일본은 1990년대부터 부동산 거품이 꺼지고 주식시장이 붕괴되면서 장기불황이 계속되는 '잃어버린 20년'을 겪었다. 낮은 출산율에 고령화가 빠르게 진행되고 있고 부동산이나 자산 가격은 하락한 데다 사람들은 앞으로 경기가 더 좋아지지 않을 것이라 생각하고 있었기 때문에 소비는 더욱더 침체되었다. 오랜 디플레이션을 끝낼 통화 정책으로 일본 정부는 2001년 처음으로 양적완화 정책을 폈다. 나라에서 국채를 사들여 시중에 돈을 말 그대로 뿌린 것이다. 항간에는 공원에 있는 노인들에게 현금을 그냥 나눠줬다는 이야기가 나올 정도이니, 전체적으로 소비를 진작해 2퍼센트대의 인플레이션을 만들기 위해 고육지책을 쓴 것이다.

2012년에도 아베 총리가 '아베노믹스'라고 불리는 양적완화 정책을 시행해 채권 매입액을 늘리고 소비심리를 자극하여 물가를 올리는 정책을 추진했다. 물가를 올리고 싶은데 국민들의 임금이 계속 동결되어 있는 데다 소비심리가 죽어 있으니, 정부에서는 기업들에게 노동자 임금을 올려주라고 압력을 넣었다. 그러나 아직까지 목표만큼 성공을 이끌어 내진 못하고 있다.

　일본이 양적완화를 하게 되면 일본의 엔화 가치가 낮아져 자국의 수출 경쟁력을 높일 수 있다. 한국의 수출 기업 입장에서는 일본의 수출 경쟁력이 높아지는 게 반가운 일만은 아니다. 미국은 중국을 견제하기 위해 일본의 양적완화와 엔저 정책, 수출 경쟁력 강화를 암묵적으로 지켜준다는 관점도 있다. 늘 0퍼센트대에 머물던 일본 경제 성장률이 잠시 1퍼센트대로 반등하는 등의 긍정적 효과도 있었지만 일본의 양적완화 정책은 아직 목표한 만큼의 경제 성장을 이끌어 내는 데 성공했다고 볼 수는 없다. 유럽 또한 2015년 3월부터 대폭적인 양적완화 정책을 시행한다고 해서 유럽 국채가 일시 품절되는 상황이 2015년 2월 벌어지기도 했다.

디플레이션 시대, 상위 1퍼센트 자산가들의 전략은?

엄마가 보기에 내가 외모에 신경 쓰지 않는다고 느껴지면 좋은 옷 사 입고 머리도 새로 하고, 화장도 매일매일 하라고 한다. 아무래도 미혼인 딸이 스스로를 끊임없이 가꾸길 원하는 마음일 것이다. 사실 내게 있어 고향집에 내려가는 것은 쉬기 위함이다. 한껏 꾸미고 불편한 구두를 신고 짐도 많은데 핸드백까지 들고 내려갈

수는 없는 일이다.

　엄마에게 이제부터 돈 아낄 거야 하면 나 몰래 내 가방에 돈을 넣어둔다. 나는 귀신같이 가방 안쪽 주머니에 넣어둔 돈을 발견하고 몰래 소파 쿠션 깊숙이 박아두거나 잘 쓰지 않는 피아노 커버

안쪽에 넣어두고 서울로 올라간다. 서울 가면서 엄마에게 돈을 다시 어디에 뒀다는 문자를 보내면, 급기야 엄마는 내가 서울 간 뒤에 은행을 들러 입금해준다. 예쁜 옷을 사 입으라고 말이다.

이렇게 숨기고 찾는 숨바꼭질과 손사래 실랑이를 거쳐, 결국 돈을 받았으니 또 한 번 거절할 수도 없다. 그런데 나는 돈을 모으거나 아껴 써야 하는 허리띠 졸라매기 기간 동안에는 그 돈을 은행에 넣어둘 수밖에 없다. 엄마가 애초에 원한 대로 좋은 옷을 사 입거나 좋은 음식을 사먹지 않으면 엄마의 전략은 실패하는 것이다.

한국은 아직 디플레이션이라고 볼 수는 없지만 징후는 나타나고 있다. 유로존의 해체 위기가 거론되고 있고, 인구 고령화와 저성장, 구조적인 청년실업 문제, 부동산 시장 침체, 중국경제 성장률 둔화 등 안팎의 여러 가지 정황을 고려해보면 저성장에 체질을 맞춰 나가야 할 것이다. 주식 등 위험한 투자나 무리한 부동산 투자는 줄여나가는 것이 좋다. 부동산의 경우 몸을 기민하게 움직일 수 없는 자산이므로, 자산에서 많은 부분을 부동산에 투자하는 것은 조심스럽다.

〈한국금융신문〉김창경 기자의 '디플레이션과 재테크' 기사를 보면 디플레이션 시대엔 뭐가 되었든 나중에 살수록 유리하고, 반대로 갖고 있는 자산은 하루라도 빨리 처분하는 것이 유리하다고 한다. 빚을 내서 투자하던 시대에서 금융자산으로 옮겨가야 하는데, 씨티그룹이 2013년 12월 20개국 50개 대형지점에서 상위 1퍼센트 부자 고객들을 대상으로 설문조사를 했더니 이들 자산의 39퍼센트가 현금이라는 결과가 나왔다고 한다.

사실 부동산 관련 투자심리를 회복하기 위한 최근 한국 정부의 부동산 정책이나, 부동산 관련 희망을 던져주는 뉴스거리들을 유심히 보면 이런 이야기들이 많다. "이제 앞으로 좋아질 것이니 돈 좀 쓰렴" 또는 "올해가 내집마련 적기", "전문가들이 추천하는 최고의 투자처는?" 등의 기사들이다. 사실 많은 언론매체의 주요 광고 거래처가 건설사와 금융 관련 기업들이다 보니 광고주를 고려하여 기사를 쓸 수밖에 없다. 정부 정책 관련 장밋빛 기사들도 이런 시선에서 자유로울 수는 없다.

봄바람이 불지 겨울바람이 불지 모르는 상황에서 어느 장단에 맞춰 춤을 출지 혼란스럽다. 판단은 스스로 내려야 한다. 돈을 쓸 것인가 말 것인가는 개인이 결정해야 할 문제다. 동작이 빠른 사람들은 한국이 아닌 글로벌 시장으로 눈을 돌려 환트레이드 등 현명하게 투자해서 기회를 얻는 사람도 있고, 노후를 위해 자산을 매각해 현금 마련 시기를 앞당기는 사람도 있다. 중요한 것은 어떤 선택이든지 바람 많은 시기에 바람에 날아가지 않고 상황에 흔들리지 않는 현명한 소비 주체가 되는 것이다. 그리고 내 자산 상태를 냉철하게 되돌아보는 시간이 필요하다.

경영학 수업에서 배운
인생 경영법

오퍼레이션 매니지먼트라는 과목은 1학년 필수 과목이었다. 다양한 업계에서 균형적인 지식과 경험을 겸비한 제너럴리스트를 길러내기 위해서 서비스나 생산 프로세스의 효율을 극대화하는 운영 관리법에 관한 수업이었다. 주로 서비스나 제조업체의 개발, 생산, 자재 공급, 유통, 판매, 운영과 관련 있는 주제로 수업 특성상 누구나 쉽게 접근할 수 있는 과목이었다.

　수업은 대략 이런 내용이었다. 저가 항공사에서 비행기 출항 도시와 스케줄을 다시 조절하여 전체적인 사업성을 높이는 방법을 고민하거나 화장품 제조 공장에서 공정 효율을 높여 하루에 생산할 수 있는 생산량을 최대화하는 방법을 도출해내는 것이다. 유통기간이 짧은 음료를 생산하는 회사가 가장 합리적인 유통망을 운영하여 생산 공장을 풀로 가동하고 부패나 재고 부담을 최소화하여 유통하는 것과 같은 케이스도 있다. 수업에 쓰이는 사례인 만큼 주변 상황은 명확하게 제시되어 있고 필요한 수치들은 숫자로 주어진 상황이기 때문에 엑셀 모델을 짜서 분석해보면 특정 프로세스에서 어떤 것이 문제가 되어 생산 효율성에 차질이 생기는지 알 수가 있다. 문제는 현실에서는 모든 현상들이 교재처럼 깔끔하게 정리되어 있지 않기 때문에 문제와 해결방안들이 쉽게 보이지 않고 복잡하게 얽혀 있다는 것이다.

《더 골 The Goal》이라는 책을 읽고 오퍼레이션 수업을 진행했다. 한국어로도 번역되고 한국어 요약본 PDF 파일이 있을 정도로 경영학 고전이 된 책이다. 학교에서 읽어보라는 책 중 이야기 구성도 재미있고 소설 같기도 해서 쉽게 읽히는 책인데, 어려움에 처한 공장을 살려내는 내용이었다.

허니버터칩의 보틀넥

저자인 엘리 M. 골드렛은 물리학자 출신으로 이 책으로 1980년대 미국 제조업계에 획기적인 반향을 일으켰다. 출간된 지 오래되었지만 여전히 우리 생활과 업무에서 활용할 수 있는 포인트들이 많다. 그의 이론 TOC(Theory of Constrains)는 제약 이론으로도 알려져 있는데, 한정된 자원 속에서 가장 큰 제약 사항들을 찾아내 개선만 해도 전체적인 효율과 생산성이 높아질 수 있다는 이론이다. 비유하자면 아픈 부분을 찾아 그 부분에만 집중적으로 칼을 대 수술을 하면 건강해지는 것과 같다.

4차선 도로가 갑자기 2차선으로 줄어들면 교통 체증이 생기는 것처럼 원인이 되는 핵심 제약 사항은 줄어든 병의 목 부분과 같다고 해서 보틀넥Bottle Neck, 병목이라고도 불린다. 오퍼레이션에서 보틀넥은 대개 생산라인이나 프로세스를 재배치한다거나, 특정 부분의 인력을 다시 배정하거나, 서비스나 유통 프로세스를 다시 짠다거나 할 때 발생된다.

최근 SNS 입소문으로 초대박을 친 허니버터칩은 생산 한계 때문에 품귀 현상을 빚고 있다. 그런데 생산라인을 증설하는 것이 좋은 해결책은 아니라는 것을 이미 우리 모두가 잘 알고 있다. 늘 문전성시로 미어터지는 대박 순대집이 옆 가게를 사들여 확장하고 깔끔하게 식탁과 의자들을 다시 갖다 놓는 순간 손님이 줄어드는 것처럼, 때로는 없어서 못 판다는 보틀넥 자체가 훌륭한 마케팅 수단이 되기도 한다. 가장 적은 비용으로 최대 효용을 얻는 지점, 한정된 자원을 최대한 활용하여 운영하는 것이 오퍼레이션의 묘미다.

한때 기업에서는 식스 시그마가 유행했고, 식스 시그마 자격증에 CPIM(Certified in Production and Inventory Management) 같은 자격증 따는 것도 유행이었다. 전사적 자원 관리 시스템인 ERP를 회사마다 들여와 운영하고 있지만, 결국은 사람이 일일이 모든 사항들을 입력하였을 때 온전하게 의미 있는 분석 결과를 도출해내야 관리 도구로써 제 역할을 한다. 이렇기 때문에 ERP 시스템에 모든 자료를 구겨 넣는 것이 때로는 업무 당사자의 업무 효율을 잡아먹는 보틀넥이 되기도 한다. 물론 실무자들에겐 보틀넥일지언정 최종 관리자에게는 모든 자원과 생산성을 한눈에 살펴볼 수 있는 좋은 툴이 되겠지만 말이다.

우리 삶을 발목 잡는 것들

전체적인 생산성을 잡아먹는 보틀넥 현상은 비단 제조업이나 생산 현장에서만 일어나는 것은 아니다. 생각의 흐름을 방해하고, 고정관념에 귀착되는 경향, 혁신적인 시도를 저해하는 모든 사회적 통념과 지나친 자기 검열은 창조와 도전에 있어서 보틀넥이 되기도 한다.

교수님께서 보여준 간단한 동영상이 있었다. 아침에 일어나서 식빵을 굽고 커피를 내리고 옷을 입는 평범한 일상을 담은 영상이었다. 당연하겠지만 그 작은 일상에서도 전체적인 시간을 비효율적으로 잡아먹는 주인공의 행동 순서들이 있었다. 그것을 빨리 잡아내는 것이 그 동영상을 통해 교수님이 던져주려 했던 메시지였다.

현실에서 제약 사항은 '이게 제일 큰 문제'라고 정답이 보이지 않을 때가 많다. 복잡한 실타래에 여러 제약 사항들이 엉켜 있기 때문에 가장 먼저 손을 대야 하는 문제가 무엇인지 쉽게 눈에 띄지 않을 때도 많다. 그것을 쉽게 발견할 수 있기 위해서는, 으레 해온 모든 과정들에 대해서 '이건 왜 이렇게 하지?'라는 질문을 던져야 한다. 다른 회사에 다니다가 입사한 사람이 외부의 시선에서 보았을 때 시스템 속 문제 해결 고리를 찾아내기 쉬운 것처럼 말이다.

군대에서, 학교 팀 과제에서, 회사 업무에서 맡은 바 역할을 제대로 하지 못하면 그룹 내 보틀넥이 되고 만다. 당연히 눈총을 받을 것이다. 군대에서는 고문관이라고도 하는 전체 팀의 효율을 떨어뜨리거나 문제를 만들어 내는 사람들을 일컫는다. 내가 조직의 보틀넥이 되고 있다는 것을 아는 것만큼이나 괴로운 일도 없다. 이럴 때는 내가 왜 팀의 효율을 떨어뜨리고 있는지 냉정하게 생각해보고, 주변 사람에게 도움을 요청해보자. 기업이나 이윤집단은 이익 창출이 목적이라는 사실을 기억하고, 이익 창출에 걸

림돌이 되는 모든 안팎의 보틀넥을 찾아 바꿔나가면 일 잘한다는 이야기를 들을 수 있을 것이다.

인생에서도 TOC 이론을 적용해볼 수 있다. 삶에 있어서 제약사항은 무엇이고, 그 제약들을 풀어나가기 위해서 어떤 생각의 전환을 만들어 내야 하는지 고민해보자. "그건 당연히 안 되지"라는 생각이나 "나도 다 해봤지만 안 된다"라는 선배의 말, 누군가의 한계를 당연히 받아들인다면 우리의 삶은 빛을 잃게 될 것이다. 나도 다 해봤다는 선배의 말에, '지금이랑 그때랑은 또 다르지 않나. 조금 다르게 해보는 것은 어떨까'라고 반문해볼 수도 있고, 이렇게 해보면 성공은 못해도 남들 눈길은 확실히 끌어볼 수 있겠다는 오기를 가질 수도 있다.

1인 신문사가 없을 때 심심풀이로 차린 인터넷 신문 〈딴지일보〉의 김어준 총수는 신문사 홍보를 위해 외부 회사에 홍보자료를 보내는 대신 이메일로 임명장을 보냈다고 한다. 어차피 돈도 없고, 인지도도 없는 데다가 홍보를 위해 힘써달라고 한마디 더 보태기도 구차해서 아예 "당신을 딴지일보 홍보대사로 임명합니다"라는 임명장을 만들어 도장을 찍어 보낸 것이다. 그랬더니 여러 회사 담당자들이 재미 삼아 무보수로 홍보 업무에 발 벗고 나섰다고 한다. 우리도 스스로 정체된 생각과 고정관념에서 벗어나 다른 관점에서 질문해보고 새로운 접근을 시도한다면 적은 비용으로 분명히 높은 결과를 얻어낼 수 있을 것이다.

학교에서 배운 경제

"네 전 재산과 손목을 걸게나", 파생상품

MBA를 준비하던 스터디 멤버 중 한 명은 파생상품을 거래하는 선물옵션 트레이더였다. 그가 어느 날 회사를 안 갔다고 한다. 그 이유는 꿈자리가 사나워서였다. 그래서 팀장에게는 뭐라 이야기하고 결근을 했냐고 물어보니, 오늘 꿈자리가 안 좋아서 안 나가는 것이 좋겠다고 솔직하게 말했단다. 더 놀라운 건 그 팀장이 하는 말이 "그래? 그럼 오늘 쉬어"였다는 것이다. 어떻게 회사에서 이런 일이 일어날 수 있을까?

　그가 신입사원으로 들어가서 처음 한 일은 점심 먹을 시간 없이 모니터 앞에서 긴장 상태로 일하는 선배들에게 점심 도시락을 갖다 주는 일이었다고 한다. 순간순간 상황이 돌변하고 긴장이 깨지면 안 되기 때문에 점심시간이라고 해서 자리를 뜨고 일어설 수 없었다. 그런 분초를 다투는 예민한 직종인지라 꿈자리 때문에 회사를 쉬는 것이 허락되었던 것이다.

　파생상품은 기초자산의 가치 변동에 따른 가격 상승 또는 하락에 대해 투자하는 것이다. 주식이나 채권, 각종 지수, 환율, 통화와 같은 금융 상품과 가격, 이자율, 농·수·축산물과 같은 현물, 심지어 날씨 예상에 따른 기후조건 등의 미래 가격을 예상하여 거래하는 금융상품을 의미한다. 파생상품을 영어로는 데리버티브Derivatives라고 하는데, 어딘가에서 기인되어서 발생한 가치라는

뜻이다.

파생상품은 일종의 타짜의 세계와도 같다. 영화 '타짜'의 명대사를 다들 기억할 것이다. 최근까지도 TV에서 패러디하는 단골 멘트니까 말이다. 패를 밑에서 빼서 돌렸다고 강하게 의심하는 아귀(김윤석)에게 고니(조승우)는 "이 패가 단풍이 아니라는 것에 내 돈 모두하고 내 손모가지를 건다. 쫄리면 뒈지시든지"라고 말한다. 아직 열지 않은 화투 패를 유리컵으로 덮고 둘 중 누구도 더

이상의 속임수를 쓰지 못하도록 손을 꽁꽁 묶은 다음 패를 열어 보는데, 파생상품의 세계도 이와 유사하다. 눈치 채지 못하게 끊임없이 손을 빨리 움직여 속임수를 쓰고, 태연한 척하지만 상대방이 내게 던질 리스크를 감시해야 하고, 언제 폭탄이 날아올지 몰라 전전긍긍하는 냉혹한 타짜의 세계 말이다.

원수가 있으면 주식을 알려주고, 죽이고 싶은 사람이 있으면 옵션을 알려주라는 주식시장의 무시무시한 격언이 있다. 파생상품은 이처럼 누군가는 처절하게 망해야 내가 이길 수 있는 혹독한 제로섬게임이다. 하이 리스크 하이 리턴High risk, high return, 즉 고수익 고위험을 감수하는 타짜들이 서로에게 위험을 전가시키는 모델이므로 이겼을 때는 대박이 나지만 반대의 위험도 크도록 설계된 상품이다. 위험 분산(이를 리스크 헤지라고 한다)을 위해 고도로 발전된 최첨단 금융공학 프로그램을 갖추고 있지만, 얽히고설키게 만들어져 그 누구도 쉽게 위험을 측정할 수 없고 언제 어디서 크게 터질지 모른다. 워런 버핏도 파생상품을 두고 "대량살상무기"라고 말했으며, 2008년 월가에서 시작된 서브프라임 사태도 복잡한 폭탄들이 수면 위에 드러나면서 터진 사례다.

순식간에 몇백 억이 사라진 것, 기분 탓이겠죠

방송인이자 김치사업 CEO인 홍진경 씨가 배추 밭떼기 거래를 위해 농부들과 낮술을 거나하게 마실 정도로 직접 나서서 회사일을 챙긴다는 이야기가 있었다. 이 밭떼기 개념을 생각해보면 선물 옵션이 쉽게 이해될 것 같다. 농부는 배추 농사를 짓고 있지만 언제 배추 값이 폭락할지 모른다. 폭락하여 아예 망하는 것보다 미리 앞당겨 값을 정하고 밭을 중간 도매업자에게 통째로 넘기는 편이, 불확실한 큰 이익 또는 위험을 감수하는 것보다는 적지만 확실한 이익을 챙길 수 있다. 이런 과정에서 선물 옵션은 향후에 배추 가격이 오를 것을 예상하고 그렇지 않을 경우의 리스크도 함께 사겠다는 사람과, 리스크를 알 수 없으니 미리 거래를 하겠다는 사람이 만나 이루어지는 것이다.

문제는 많은 사람들과 금융기관들이 고수익을 바라거나, 위험을 분산하기 위하여(결국 다른 이에게 전가하는 셈이지만) 파생상품에 관여하고 있다는 사실이다. 그러나 파생상품에 파생상품을 섞어서 위험에 위험을 덧붙이고 복잡하게 짜여진 상품의 실제 리스크와 가치에 대해서는 그 금융상품을 설계한 사람이 아니고서야 쉽게 이해하기 어려운 것이 파생상품의 맹점이다.

증권사, 은행에서 권하는 사람인들 그 상품을 제대로 알고 있다고 말할 수 있겠는가. 큰 수익을 줄 수도 있겠지만 리스크의 뇌관이 터지는 순간 파생상품에 투자를 한 기관, 개인 투자자만 직격탄을 맞는 것이 아니다. 대형은행은 물론 세계적으로도 큰 충격을 받는데 엘리자베스 여왕도 거래하던 200여 년 역사를 지닌 영국 베어링은행도 1995년 한 직원이 잘못 투자한 파생상품으로 인해 파산했으며, 2008년에는 서브프라임 사태가 불거져 글로벌 경기 침체가 일어났다. 그래서 파생상품을 대형살상무기라고 하는 것이다.

몇십억이 오고가는 옵션 트레이딩의 세계에서 집중력이 떨어지는 날 괜히 출근했다 몇억을 까먹느니, 출근하지 말고 아무것도 하지 않은 채 본전이라도 유지하는 게 낫다는 업계만의 묘한 풍습이 자리잡고 있는 것이다.

구직활동도 연애하듯 밀당하기

샌프란시스코의 한 허름한 모텔에서 땀에 흠뻑 젖은 채로 잠에서 깨었다. 정신을 차려보니 면접에서 떨어지는 악몽을 꾸면서 번뜩 잠에서 깬 것 같다. 다시 눈을 감으면 악몽을 이어 꿀 것 같아 눈이 감기지 않았다. 순간적으로 굉장히 낯설고 서늘한 그 방에서 불을 다시 켜지도, 잠을 다시 청하지도 못한 채 찜찜하게 밤을 지새웠던 기억이 있다.

대학원 1학년 겨울방학 때 각자 원하는 취업 진로에 따라 여럿이 함께 기업을 방문하는 프로그램을 진행했다. 금융권에서 일하고 싶은 친구들은 뉴욕 월스트리트에 있는 회사들을 집중적으로 방문하면서 동문 선배들과 HR팀을 만나는 일주일의 일정을 잡고, 나처럼 실리콘밸리에 있는 전자, IT 계열 회사에 관심이 있는 친구 열댓 명 정도는 미국 서부로 떠났다. 구글, 이베이, 야후를 포함하여 여러 회사를 방문하여 사전 약속된 프로그램에 따라 회사를 안내받고 회사 설명회에 참석하며 동문들과 질의응답 시간을 가진 후 인사 담당자와 점심을 먹었다.

유명한 직장들을 직접 견학한다는 것만으로 마음은 설레었지만 구직을 위한 과정인지라 약간의 긴장은 하고 있었다. 1학년이 끝나고 한국에서 가져간 돈을 어느 정도 다 쓰고 한국에서 송금받기 전이라 아주 궁핍했을 때였다. 같이 다니는 친구들과 쓰는 공통의 비용은 어쩔 수 없었지만 숙소만큼은 혼자 허름한 모텔을 잡아 일주일을 지내야 했다.

그중 가장 기억에 남는 것은 캘리포니아에 있는 어도비 본사와의 인터뷰다. 처음에는 회사 설명회를 개최하여 학생들의 이력서를 받고 미국 전역의 MBA 지원자 중 50명가량을 초청하여 비행기편과 숙박을 지원해주었다. 운 좋게 뽑힌 나는 비행기를 타고 샌프란시스코에 갔다. 같은 미국권이지만 5시간 넘게 날아가야 하는 비행시간을 감안하면 먼 나라로 여행을 가는 것과 마찬가지였다. 수업 일정이 빡빡한 데다 짬을 내서 이동하다 보니 새벽에 혼자 두 시간을 운전해 공항으로 달려가 아침 비행기를 타야 했고, 비행기 안에서도 편히 잠을 이루지 못했다. 샌프란시스코에 도착해서도 시차에 적응하지 못해 면접 전날 거의 뜬눈으로 지새우다 보니 몽롱한 상태로 면접장에 가야 했다.

초행길이라 아침에 택시를 타고 어도비 본사로 향했다. 평소에는 택시 기사와 이야기를 잘 하지 못하는 편인데 그날은 활달하고 유쾌한 아저씨의 주도로 말을 하게 되었다.

지금 회사 인터뷰를 보러 가는 길이라고 했더니, 기사 아저씨가 목적지까지 가는 동안 사기를 북돋워주는 말들을 해주었다. 목소리 자체가 힘이 있고 파이팅이 넘치는 분이라 내게도 에너지가 그대로 전해졌다. 택시에서 내려 아저씨와 함께 '아자아자 파이팅' 하는 대화를 나누고 문을 닫았다. 신기하게도 기분이 좋아지면서 면접장 대기실에서 다른 학교 친구들을 만나 반갑게 인사를 나누었다. 두 명 정도가 지난번 회사 설명회 때 얼굴을 본 적이 있는 친구였는데, 그중 한 명은 내 영어 이름인 마야가 인도어로 '마법의 여신'이라는 뜻이라며 긴장을 풀어주었다. 영어가 모국어도 아니고, 멀리 혼자 날아와서 보는 낯선 도시에서의 면접 자리가 당연히 많은 스트레스를 주었을 것이다. 그래서 잠도 설쳤을 터인데 긍정의 기운을 가득 주는 택시 기사와 면접 동료들을 만나 한결 편안하게 마음을 다잡을 수 있었다.

다행히 면접도 잘 끝났고 다시 동부로 날아가기 위해 비행기를 기다리는 동안 추가 면접을 진행하겠다는 연락을 받았다. 만약 그날 그 택시 기사 아저씨를 만나지 않았더라면, 그 아저씨가 내가 미국인도 아니고 샌프란시스코 지리도 잘 모르는 이방인이라고 얕보았다면 어땠을까. 자기도 바쁜 아침에 나를 위해 호들갑을 떨어주지 않았더라면, 잠긴 목소리와 멍한 수면 부족 상태에서 면접을 보지 않았을까. 스치는 인연이었지만 가끔 그 택시 기사 아저씨가 고마워서 생각이 난다.

너와 나를 보는 자리

면접 스트레스를 높여준 질병 중 하나가 과민성 대장염이다. 사실 과민성 대장염은 대학원 재학 시절 얻었다. 화장실에 갈 수 없다는 생각이 입력되는 순간 초조함이 시작되는데, 외부 스트레스와 환경의 압박이 더해지면 정말 화장실에 가고 싶은 충동이 시작된다. 참으려고 마음먹으면 식은땀이 흐르고 온 신경이 여기에만 집중되어 참기 힘들어지곤 했다.

100분의 수업이 시작되면 강의실 문 위에 인터넷 on 버튼이 자동으로 off로 꺼지고, 수업이 끝나면 on으로 다시 돌아왔다. 그 불이 꺼지는 쉬는 시간에는 화장실에 가고 싶지 않았다가도 수업 시간만 되면 슬슬 화장실에 가고 싶어지는 심리적인 변덕이 생겼다. 좌석 배치상으로 누군가 일어서서 나가고 들어오는 것을 교수를 포함한 60명 전원이 볼 수 있으므로 약 30번의 고민 끝에,

도저히 그 생각 때문에 수업에 집중할 수 없겠다 싶으면 자리에서 일어나 슬금슬금 문으로 향한다. 그런데 아무도 없는 텅 빈 화장실에 앉으면 언제 또 그랬냐는 듯 아무런 증상이 없어 앉아 있다 다시 강의실로 돌아가곤 했다. 수업 중 참여 점수가 꽤 높은 비중을 차지하는데 이렇게 종종 피치 못해 화장실을 들락날락하면서 점수도 많이 깎아먹었을 것이다.

대학원 때 시작된 이 고질병은 평소에는 괜찮다가 낯선 사람을 만나는 자리나 내게 온 시선이 집중되는 자리, 일정 시간 갇혀서 마음대로 일어설 수 없는 상황이 되면 느닷없이 나타나곤 했다. 예를 들어 고속도로에 갇히거나, 영화관 한가운데 자리에 끼여 두 시간 동안 옴짝달싹할 수 없거나 할 때 말이다. 상황이 이러하니 면접 같은 자리는 더욱더 힘들 수밖에 없다. 면접시간이 다가올수록 입이 바짝 타고 다른 곳으로 숨고 싶은 마음을 다들 한번 느꼈을 것이다.

면접은 얼굴을 마주 본다는 뜻이고 영어로도 인터inter 뷰view, 서로 본다는 뜻이다. 직접 대면하여 보는 자리여서 피면접자의 경우 면접 자리가 극도로 어렵고 불편하게 마련이다. 누구나 첫 면접의 기억이 있을 것이다. 대학교 면접, 회사 면접, 이직 면접 등 다양한 형태의 면접과 끊임없이 마주하는데 늘 면접은 긴장을 주는 이벤트일 것이다. 한때 면접을 집중적으로 준비하고, 면접을 많이 보러 다니면서 면접은 이렇게 보는구나 하는 자신감이 붙은 때가 있었다. 스스로 작두를 타는구나 하고 느낄 정도로 무수한 면접 경험은 면접에서 승리하는 법을 알게 해주었다.

나의 면접 승리 전략

취업난도 심각하고, 취업을 하더라도 여러 가지 이유로 이직을 준비하는 사람들이 많다. 면접에서 그나마 우리가 쫄지 않고 승리할 수 있는 법에 대해서 몇 가지 이야기해보면 이렇다.

최소한 면접 전날부터는 내가 그 회사를 다닌다고 자기 암시를 걸어야 한다. 일종의 마인드 컨트롤과 같은 것인데, 회사를 구체적으로 생각하고, 면접 보는 회사나 팀의 분위기를 상상하며, 내가 이 회사를 다닌다면 어떤 일들을 구체적으로 배우고 해나가게 될지 상상하는 것이다. 그렇게 자기 암시를 걸면 회사에 들어서는 순간 머리가 쭈뼛거리기보다는 우리 회사가 이렇게 생겼구나 하는 반가운 마음이 들 것이다. 그렇게 되면 구체적으로 궁금한 것들도 많아지고, 내가 여기서 어떤 기여를 할 수 있을지 어떤 역량을 키울 수 있을지 구체적인 그림이 그려진다. 자연스럽게 면접 준비가 되는 것이다. 이 면접에서 떨어지면 어쩌나 하는 생각은 면접을 헤쳐 나가는 데 전혀 도움이 되지 않는다.

두 번째로 면접은 동등하게 보는 것임을 명심하는 것이다. 면접을 보러가는 피면접자 입장에서는 내가 일할 회사의 분위기, 함께 모시고 일할 상사의 리더십, 같이 일할 선배 직원들의 됨됨이와 일에 대한 열정, 회사 전체적인 근무 환경 등 총체적으로 모두 살펴보는 자리다. 회사가 나를 발가벗겨놓고 요리조리 물고 뜯기만 하는 것이 아니다. 나 또한 이 회사가 내 시간과 열정을 들여 함께 일할 수 있는 곳인지를 따져보는 것이다. 요즘같이 일자리 구하기가 어려운 세상에 회사와 동등한 입장에서 면접에 임하기는 쉽지 않다. 그러나 서로를 면접 본다는 생각으로 면접장에 들어선다면 내가 면접자이자 피면접자가 되므로, 덜 쫄게 될 것이다.

당당하고 자신감 있게 면접을 보는 것도 중요하지만 절대로 오만한 태도를 비쳐서는 안 된다. 당당한 것과 상대방을 배려하지 않는 오만함 정도는 구별할 수 있기를 바란다. 당당함은 나를 사랑하는 자존감과 자신감이고, 오만함은 상대방을 무시하는 마음이다. 상대방을 존중하고 나를 사랑하는 동등한 입장일 때 성숙한 후보자로서의 매력을 어필할 수 있다.

한번은 내가 채용 담당자 입장이 되어 미국 MBA 입사자 채용 프로젝트를 진행한 적이 있었다. 본격적인 채용에 앞서 우수 지원자들을 저녁식사에 초청해 뉴욕에서 회사 설명회를 진행했다. 회사에 대한 홍보 자리임과 동시에 입사 지원자들을 사전에 면접 보는 자리이기도 했다. 원형 식탁에 사전 배치된 대로 회사의 임원, 선배 직원들과 지원자들이 둘러앉아 저녁식사를 하면서 회사에 대한 궁금함과, 지원자들에 대한 궁금함을 주고받았다.

회사 설명회를 마치고 한국으로 돌아와 가장 의견이 분분했던 한 여성 지원자가 있었다. 그 후보가 내 자리에 배치되어 나는 그녀와 함께 식사를 하며 관찰할 수 있었다. 긴 머리를 치켜 올려 묶은 모습부터 눈에 띄었는데, 전화벨이 울리자 그녀는 테이블에서 멀찍이 떨어져 다리를 꼬고 앉아 전화를 받으며 친구와 개인적인 수다를 떠는 모습에 나는 속으로 '오 마이 갓'을 외치고 말았다. 마치 친한 친구들과 술을 마시러 클럽에 온 듯한 느낌이 들었다. 지원자들이 긴장할까 긴장을 풀어주고 편하게 대화하는 것이 내 일이었는데, 편안해도 너무 편안해서 오히려 긴장한 다른 사람들을 무시하는 것 같은 느낌마저 주었다. 아무래도 회사 채용을 전제로 한 자리에서 친구들과 생일파티 하는 분위기로 앉아 있었으니 눈살이 찌푸려졌다.

식사 후 모든 후보자를 집으로 보내고 동료들과 채용 후보자들에 대한 의견을 종합하는 자리에서 나는 그녀를 채용하면 안 된다는 의견 쪽에 섰고, 됨됨이는 괜찮다는 반대 의견도 있었다. 보통은 사람 보는 눈이 비슷한 편이었는데 그녀에 대한 의견은 분분해서 전 직장 동료, 학교 동기들을 통해 레퍼런스 체크를 하기에 이르렀다. 첫인상이나 겉으로 하는 행동들은 충분히 오해를 불러일으킬 소지가 많지만, 막상 일해 보면 털털하고 성격도 좋으며 똑똑한 편이라는 의견도 있었다. 그렇게 우여곡절 끝에 뽑히게 되었지만 한 명이라도 반대표가 더 있었다면 떨어질 수 있었다. 물론 사람을 몇 번 보고 평가하는 것은 위험하지만, 어차피 면접은 시간이 한정되어 있는 기회이고 짧은 시간에 평가할 수밖에 없는 자리다.

면접 후 이메일을 보내라

면접이 편안하고 익숙해지기 위해서는 무조건 면접을 많이 보는 수밖에 없다. 초반에는 가능한 한 많은 곳에 원서를 넣고 닥치는 대로 면접 기회를 많이 만드는 것을 권하고 싶다. 정말 관심 없는 회사라 하더라도 면접을 보면 회사에 대해 새롭게 알 수도 있을 것이다. 면접도 많이 볼수록 실력이 는다.

　나로 인해 다른 한 명의 후보자가 면접권을 뺏기지 않을까 하는 걱정은 하지 말자. 어차피 뽑힐 사람은 뽑히게 마련이고, 가지 않을 사람은 가지 않는다. 면접에서 비록 무수하게 떨어지더라도 평소에 연습게임과 같이 면접을 많이 본 사람은 최종적으로 결전의 면접이 왔을 때 제 실력을 발휘할 수 있다. 연습게임을 거치지 않는 사람은 운명의 면접 기회가 와도 작은 실수와 긴장으로 기회를 날려버릴 가능성이 농후하다.

면접을 보러 갈 때에는 회사에 대한 질문을 꼭 세 가지 정도 사전에 준비하는 것이 좋다. 기회가 되면 면접관에게 좋은 인상을 남겨줄 질문 하나를 할 수도 있고, 역으로 면접관이 질문 없냐고 묻기도 한다. 적극적으로 질문하는 사람이, 아무런 관심 없는 지원자보다 더 기억에 남을 수밖에 없다.

그리고 다들 알고 있겠지만 면접이 끝난 뒤 담당자에게 감사 인사를 이메일로 보내자. 내가 잘했던 스킬은, 오늘 면접 보게 되어서 좋았다는 내용 외에 꼭 한 가지 질문을 넣은 것이다. 회사에 대한 구체적이고, 상대방이 깊이 생각하지 않더라도 간단히 대답해 줄 수 있는 정도의 질문. 그렇게 하면 회신율이 상당히 높고 이메일 왕래가 시작된다. 마치 마음에 드는 이성에게 문자를 단답형으로 보내는 것이 아니라, 작은 질문 형식으로 보내어 자연스러운 답장을 유도하는 것과 같은 잔기술이다. 이메일을 주고받으면서 적극적인 지원자라는 인상을 심어줄 수 있고, 나 또한 회사에 대한 추가 정보를 얻을 수 있다.

막상 면접에 합격하고 나면, 그 순간부터는 힘의 균형이 바뀌게 된다. 채용하기로 한 회사에서는 채용을 한 사람이 회사 지원을 수락하게 하기 위해서 적극적으로 나설 수밖에 없고, 오퍼를 받은 후보자 입장에서는 급여나 복지혜택을 재고 따져야 하는 입장이 되는 것이다. 이때 다른 곳에서도 합격했다는 카드를 갖고 있으면 협상의 위치에서 우위에 설 수밖에 없다. 아무리 작은 회사라고 해도 하나의 카드만 쥐고 있는 사람보다는 유리하지 않겠는가. 그렇기 때문에 더욱더 크건 작건 간에 최대한 많은 회사와의 면접 기회를 넓히는 노력을 기울여야 한다.

연애를 많이 해본 사람이 진짜 자기 짝을 찾을 때 정확한 판단을 할 수 있듯이, 회사도 많이 만나봐야 한다. 그리고 초반에 연애를 걸기 위해 상대방의 호기심을 지속적으로 자극하고, 나의 진심을 보여주고 확 잡아당겼다가, 한편으로는 쉽게 가질 수 없는 아쉬움을 자극하는 밀당의 기술을 면접에서 발휘해보자.

미국인 1억여 명, 세계에서 약 10억여 명이 지켜보는 미국 슈퍼볼의 하프타임 광고는 초당 광고비가 1억 6,000만 원이라고 한다. 슈퍼볼 경기뿐 아니라 하프타임에 나오는 광고에 대한 관심역시 뜨겁다. 이런 광고 영상을 만들기 위해서 얼마나 많은 광고제작자들이 스토리텔링과 시각적 효과에 공을 들일지는 어느 정도 상상할 수 있을 것 같다.

대개 15초라는 짧은 시간 안에 강렬한 메시지를 남겨야 하는 영상 광고는 컨셉을 극명하게 살려줄 시각자료와 카피를 거르고 걸러 핵심만 살려야 한다. 좋은 광고, 잘 된 광고는 무릇 사람들의 기억에 오래 남는 것이다. 잘 만든 광고는 사람들의 마음을 움직여 특정 제품과 서비스를 구매하게끔 행동으로 유도하는 강력한 힘이 있다. 최악의 광고는 혹평을 받은 광고가 아니라 사람들 사이에 전혀 언급되지 않는 광고다. 돈을 쓰고도 전혀 기억되지 않는다는 것만큼 비참하고 슬픈 것은 없으니까 말이다.

이력서와 자기소개서를 채용 담당자가 읽는 데는 평균 3분이면 충분하다. 심지어 첫 줄만 읽어보고 판단하는 사람들도 있는데, 오랜 시간을 들여 힘들게 작성한 이력서와 자기소개서가 단 몇초 만에 탈락한다면 정말 억울하기 그지없을 것이다. 하지만 이력서와 자기소개서가 자신을 홍보하고 판매하는 광고와 같다고 생각하면, 그 광고를 보는 사람에게 정확하고 매력적인 메시지를 심어줘야 하는 것은 나의 책임이자 역할이다.

청년실업난에 고스펙이 넘쳐나는 시기에 채용 담당자가 하루에 받는 이력서가 얼마나 많겠는가. 그 모든 이력서와 자기소개서를 정성껏 한 줄 한 줄 정독한다고 해도, 특별한 인상이 남지 않을 정도로 그 이력서가 그 이력서 같고 아까 본 자기소개서와 하등 다를 바 없다면 1차 대상자에 뽑히기는 어려울 것이다. 철저하게 이력서를 읽어보는 사람의 관점에서 쓰이지 않는 불특정 다수를 향한 이력서는 그저 수많은 이력서 중 하나일 뿐이다.

나도 한때 이력서와 자기소개서를 무수히 써 보았고 이직, 유학, 재취직의 과정을 통해 본의 아니게 기술이 많이 업그레이드 되었다. 회사에서 신입사원과 경력직을 채용하기도 했는데, 채용하는 관점에서 바라보니 어떻게 하면 더 매력적인 자기소개서를 쓸 수 있을지 조금 더 알 수 있었다. 가끔 아는 후배나, 건너건너 아는 사람, 또는 전혀 연고가 없는 사람의 이력서, 자기소개서를 도와주기도 했는데 공통적으로 모두에게 조금 도움이 될 수 있을 것 같아 몇 가지 남겨본다.

나의 장점을 어떻게 찾고 분류할까?

학력과 학점, 회사 경력이라고 하는 소위 스펙들은 이미 정해진 기정사실이다. 이미 정해진 사실들은 더 이상 힘들이지 말고, 낙담하지도 말자.

칼을 갈고 공들여야 하는 부분은 자기소개서를 어떻게 쓰는가다. 이 고민만큼은 돈이 들지도 않으며, 100번을 다시 쓴들 시간이 아깝지 않다. 내게 피와 살이 되는 평생의 스킬세트가 되어줄 테니 말이다. 같은 팩트로 잘 빠진 자기소개서가 나오기도 하고 두서없는 횡설수설 자기소개서가 나오기도 하는데, 이를 가름 짓는 가장 큰 요인은 스토리텔링과 요점이다.

만약 자기소개서를 회사 이름만 바꿔 제출하고 싶다면 아래 고민들은 읽어보지 않아도 된다. 그러나 정성스럽게 자기소개서를 작성하고 어필하고 싶을 만큼 꼭 가고 싶은 회사가 있다면 다음 방법을 시도해보는 것도 좋을 것이다.

우선 종이에 자신의 장점과 활동 사항들을 생각나는 대로 써내려가 보자. 단어 중심으로 최소 30개 이상 써내려가 보자. 장점이나 어필할 점도 없고, 그동안 제대로 된 활동이 없다 하더라도 쥐어짜내듯이 하나라도 걸린다면 모두 써내려가 보자. 어차피 누가 옆에서 보는 것도 아닌데 이때만큼은 편하게 자기 자랑을 해 보자.

그러고 나서 잠깐 쉬는 시간을 보낸 후 종이에 적은 것들을 들여다보면서 공통적인 성향을 보여주는 일들을 그룹으로 묶어 동그라미를 만들어 보자. 가령 빨간 동그라미 안에는 분석적이고 꼼꼼한 성향을 보여주었던 것들, 파란색 동그라미 안에는 해외교류나 글로벌 업무 능력을 보여줄 수 있는 것들, 세 번째 동그라미 안에는 팀워크나 리더십을 보여줄 수 있었던 과제나 프로젝트, 회사 경력들을 한데 넣어본다. 이렇게 하면 크게 나를 보여주는 장점 세 가지를 어떻게든 구겨 맞춰 넣어볼 수 있다.

스스로 이것이 내 장점이라 말하기에 확신도 없고 오글거린다면 가장 친한 친구나 동료, 또는 이성 친구, 부모에게 물어보자. "난 어떤 점이 그나마 장점일까?"라고 물었는데 "넌 장점이라곤 하나도 없다"고 말하는 사람은 없을 것이다. 만약 그렇게 말하는 사람이라면 그 사람과의 인연을 과감히 끊어도 좋다. 앞으로 내가 살아가는 데 도움을 주지 않을 사람이기 때문이다(가족이라면,

어쩔 수가 없다!).

그 다음 이력서를 내고 싶은 회사들을 나열해보자. 이 회사가 나를 과연 뽑아줄지 걱정하지 말고 닥치는 대로 내가 가고 싶은 회사들을 열거해보는 것이다. 한 번은 내가 도움을 주던 20대 취업 준비생에게 신문, 취업공고 사이트 등을 살펴본 후 가고 싶은 곳을 써오라는 숙제를 주었다. 유명 회사뿐 아니라 이름을 잘 모르는 회사까지 채용 포지션을 보고 마음에 드는 곳을 다 써오라고 했다.

평소 성실한 편이었던 그녀가 며칠 뒤 뽑아온 30가지 리스트를 보니 가고 싶어 하는 곳이 식음료 F&B 관련 업체들로 추려졌다. 목록에는 유명 커피체인점부터 지방의 작은 식품 관련 원재료 회사까지 다양했다. 대학에서 호텔경영을 전공한 그녀는 30대가 되어 레스토랑, 베이커리, 카페 관련 창업을 꿈꾸고 있었기 때문에 일관돼 보였다.

뽑아온 회사들 중에서 이력서 제출 마감이 가장 빠른 회사를 뽑아 집중적으로 그 회사에 대해 공부하도록 했다. 채용공고와 채용부서에 대한 소개, 회사 사이트를 훑어보았다. 현재 진행 중인 사업들에 대한 기사를 검색해 한 시간가량 투자해 읽어보면 어떤 성향을 가진 사람을 채용하고 싶어 하는지 선명하게 보인다.

그 다음 앞서 뽑은 나의 장점들 중에서 가장 부합하는 장점을 핵심 포인트로 만드는 것이다. 뽑은 핵심 포인트가 적극적인 영업력, 글로벌 업무 역량, 탁월한 분석과 실행력이라고 한다면, 이를 받쳐주는 경험들을 쭉 생각해보고 가장 어필할 만한 사례들을 중심으로 이야기를 시작한다.

사례를 고를 때에는 업무 사례 70퍼센트, 개인적이지만 생활 태도나 가치관을 보여줄 수 있는 사례 30퍼센트 비율로 잡고 지원하는 회사나 업무와 가장 가까운 사례는 필히 하나 정도 넣어야 한다. 더 크게 자랑하고 싶은 사례가 있어도 지원할 부서와 상관관계가 적다면 과감하게 삭제해도 된다.

자기소개서의 모든 문단들은 첫 번째 문장만 읽어도 나머지 내용을 미리 감지할 수 있도록 철저히 두괄식으로 쓴다. 어느 누구도 끝까지 문장을 다 읽어줄 시간은 없다. 문단을 시작하는 첫 문장에 모든 핵심을 담아야 한다. 그렇게 쓰면 읽는 사람으로 하여금 핵심을 빨리 파악할 수 있게 하고, 그것이 타인이 나를 기억하는 데 도움을 준다.

입사담당자 머릿속에 남을 한 단어

자기소개서는 자소설이라고 불릴 정도로 때로는 심하게 오글거리는 자기 자랑에, 작은 사실도 크게 부풀려 하는 거짓말에 이르기도 한다. 약간의 과장은 있겠지만 무엇보다 진정성을 담아서 쓰는 게 필수적이다.

읽는 사람도 지원자의 나이와 경험에 비례하여 어디까지가 거짓말인지 한눈에 안다. 나 또한 채용자 입장일 때, 이력서와 자기소개서를 대충 읽어도 신기하게도 어떤 부분이 과장된 포인트인지 쉽게 보이기도 했다. 일개 사원인데 팀장급의 일을 혼자 다 해서 결과를 얻었다는 내용은 믿기 힘든 것이 사실이며, 실제 채용 담당자가 좋아하는 스토리도 아니다. 팀의 성과를 내기 위해서, 조직의 성공을 위해서 이 사람이 어떤 노력을 어떻게 했는가가 중요한 것이다.

자기소개서에서 중요한 것은 자기만의 개성을 드러내는 컨셉이 있어야 한다는 것이다. 많은 광고들이 하나같이 자기 자랑을 하는 동안 그래도 그나마 기억에 남는 광고들이 있다는 것은 효과적이고 매력적이게 잘 만들어졌다는 의미다. 어떤 광고는 키치한 광고 컨셉과 복고적인 비주얼이 될 수도 있고, 어떤 광고는 매력적인 배우가 나와 던지는 유혹이 될 수 있다. 100장의 자기소개서를 읽어야 하는 인사 담당자의 머릿속에 기억에 남을 수 있는 한 단어를 심어두면 좋다. 예를 들어 철인 3종 경기 옆에서 페이스메이킹을 하면서 선수들을 도와준 경험이 있다고 하자. 그런

조력자의 스토리는 내가 철인 3종 경기에서 우승했다는 내용보다 더 빛날 수 있다. 채용 담당자가 내 이름을 기억해주진 못하더라도, 아 그 철인 3종 경기 페이스메이커라고 기억을 끄집어낼 수 있을 정도만 되어도 잘 살아남은 자기소개서가 되는 것이다.

예전에 내가 꼬맹이 사원일 적에 회사 상사 중 두 명의 라이벌 과장이 있었다. 두 분 모두 실력과 열정이 대단한 사람이었다. 그중 한 분은 매년 이력서를 새롭게 쓴다고 하셨다. 회사를 옮기지도 않지만, 1년이 지나고 나서 1년 동안 자신이 한 프로젝트 결과들을 이력서에 다시 업데이트해서 쓰면 스스로의 1년을 돌아볼 수 있어서 좋다고 한다. 1년이 지나고 작년 이력서를 다시 열었는데 큰 변화가 없는 한 해였다면 본인의 노력이 부족했거나, 회사 업무 환경이 고착화되었다는 증거일 수 있다.

그분은 지금 외국계 모바일 솔루션 기업 한국 지점장으로 근무하고 있고 여전히 성실한 레주메를 쌓아가고 있다. 이력서를 1년에 한 번 쓸 정도의 자기 노력을 겸비한 사람은 매사 업무를 열심히 하는 사람일 수밖에 없을 것이다. 특정한 날을 정해서, 조용히 혼자 이력서를 다시 열어보면 지금의 내가 새롭게 보일 것이다.

ECONOMIC LESSONS LEARNED FROM WORK

직장에서 배운 경제

연차는 쌓여가는데 왜 늘 궁핍한 걸까?

럭셔리 백화점과 명품숍들로 가득한 뉴욕 5번가에 어느 날 일본의 대표 저가 브랜드인 유니클로 매장이 들어섰다. 샤넬, 루이비통, 티파니, 프라다 등 호화 매장이 즐비한 길목에 유니클로가 들어섰다는 것만으로도 화제였는데 매출까지 고공행진을 하고 있다고 한다.

최근 경기 불황을 겪고 있는 미국과 유럽에서도 가치를 중시하는 소비 흐름이 크게 확산되고 있다. 소비를 줄인다는 뜻의 트레이드다운 trade down 이라는 말처럼 눈높이를 낮추고 실속을 챙기는 소비가 늘고 있다. 5번가의 유니클로는 정확하게 이 현상을 잘 보여주고 있다. 그리고 유명 브랜드의 이월상품을 90퍼센트까지 세일하여 정기적으로 판매하는 티제이맥스나 마셜 같은 상설 할인매장의 인기도 아주 높다고 한다. 나도 자주 들르던 매장이었다. 아주 괜찮은 브랜드의 신발이 1만 원대에 판매되고 있었는데 제품 자체에 문제가 있지는 않다. 다만 멋지게 전시된 제품이 아니라 무성의하게 쭉 놓인 제품들 중에서 내게 맞는 진주를 찾는 수고를 더해야 할 뿐이다. 물론 한 계절 이상이 지난 이월 상품이라 유행을 덜 타는 제품 위주로 고르는 안목도 있어야 한다.

얼마 전 광고 동아리에서 알고 지낸 선배 부부가 늦깎이 영국 유학을 나란히 마치고 귀국했다. 공간 스타일 관련 사업과 대학 강의를 병행하던 선배가 남편과 함께 홀연히 2년간의 유학을 떠났는데, 당연히 학급 동기들은 띠동갑 수준의 어린 학생들이었다. 선배는 유학 중 나이에 대한 부담 없이 띠동갑 학교 동기들, 그리고 지긋한 나이의 사람들과 스스럼없이 친구로 지내는 것이 좋았다고 한다. 청바지와 운동화 차림의 학생 신분으로 도서관에서 책을 읽고 하루 종일 미술관을 걸어 다니며 공부하는 것도 행복했다고 한다.

하루는 학교 동기들과 커피를 마시러 갔는데, 다들 가방을 카페 바닥에 그냥 내려놓더란다. 마침 아끼던 명품 가방을 들고 있었던지라 바닥에 그냥 놓아두기엔 차마 마음이 아팠단다. 친구들과 대화 중간 조심스럽게 냅킨을 여러 겹 쌓아 바닥에 깔고 그 위에 '가방님'을 놓았다고 한다. 근데 한 영국인 친구가 선배에게 "바닥에 냅킨 떨어졌어"라고 말하더란다. 가방에 뭐가 묻을까 냅킨을 깔았다는 것을 알아채지 못한 그 친구는, 가방 옆에 떨어져 있던 여분의 냅킨을 다시 주워 테이블에 올려놓더라는 것이다.

떨어진 냅킨이 명품 가방보다 더 중요할 수도 있다는 생각은, 언니에게 신선한 자기반성을 불러일으켰다고 한다. 이날부터는 언니도 명품 가방 대신 편한 가방을 들고, 허물없이 바닥에 내려놓게 되었다고 한다.

대리 때부터 씀씀이가 커지는 이유

직장 생활을 어느 정도 한 사람들이라면 공감할 것이다. 월급이 얄팍한 신입사원일 때 오히려 돈을 착실하게 더 많이 모은 기억을 말이다. 승진도 하고 월급도 올랐건만 매월 붓는 적금은 신입사원 시절 수준에서 벗어나고 있지 못하는 궁핍함은 어디서 오는 것일까? 당연히 많이 썼으니 그랬을 테고 내가 많이 쓴 것도 알겠다만 그렇다 하더라도 그 차이가 더 크게 느껴지는 것은 왜일까? 왜 더욱더 돈을 모으기가 어려워질까?

직장인이 본격적인 소비에 눈을 뜨는 시기는 대개 입사 3~4년 차 때다. 주변의 직장 친구들 이야기를 들어봐도 대리 정도 직급의 친구들이 본격적으로 돈 쓰는 재미를 느끼기 시작한다는 것이다. 예쁜 것이 좋은 것은 사회 초년생 시절에도 마찬가지일 텐데, 왜 유독 그 시기가 되면 봇물 터지듯 소비가 시작될까?

학생 시절, 적은 용돈을 받아 알뜰하게 돈을 쓰던 습관이 남아 있는 신입사원 시절은 100여만 원 안팎의 월급도 상대적으로 아주 큰돈으로 여겨진다. 스스로 일해서 처음 번 돈은 가치가 더 크게 느껴지기에 그 범주 안에서 잘 쪼개 적금도 붓고, 주택부금도 들고, 보험도 들고, 부모님 용돈도 드리고, 생활비로 알뜰살뜰 균형 있게 쓰게 된다. 처음 일을 배우다 보면 업무에 대한 집중도가 굉장히 높고 정신이 없기도 하거니와 일이 서투르다 보니 야근도 하게 되고, 선배들 술자리에도 불려가다 보면 막상 돈을 쓸 시간은 주말밖에 없다. 그나마도 학생 시절에서 벗어난 지 얼마 되지 않는 사회 초년생이 부릴 수 있는 소비와 사치의 스케일은 사뭇 건전한 수준에서 머물게 된다.

그러다 점점 일이 익숙해지고 시간을 융통성 있게 쓸 수 있고 주도적으로 상황을 이끌어갈 수 있는 3~4년차가 되면 승진을 하게 된다. 월급도 오르고 심적인 여유가 생기면서 그때부터 선배들이 하던 소비 패턴에 눈을 뜨게 된다. 선배들이 휴가 때 다녀왔다는 해외여행, 기분이 풀리는 네일 케어, 커트를 잘한다는 미용실 정보, 장만하고 싶은 좋은 가방, 한층 더 업그레이드되는 의류 브랜드, 미팅 때나 워크숍 때 각각 필요한 신발, 텔레비전에서 소

개된 맛집, 화제의 뮤지컬이 내 관심 영역으로 들어오게 된다. 그러면서 월급 내에서 융통하여 시도를 하게 되는 것이다. '열심히 일했으니 쓸 자격이 있다'는 자기 위안으로 한두 개씩 업그레이드한 소비 패턴이 모든 것에서 업그레이드가 되면서 내 월급 상승폭을 초과하게 된다.

한 없이 눈치만 보는 신입사원이 아닌 주어진 일을 잘 하기 시작하는 때이므로, 업무에 대한 성취도도 높고 마음의 여유도 생긴다. 과중한 프로젝트를 직접 리드하는 팀장의 직급도 아니므로 책임감의 무게에서는 어느 정도 가벼울 수도 있는 단계다. 이 정도로 열심히 일했으니까 이제 좀 써 봐도 되겠지 하는 정당화가 시작되는 가장 위험한 시기다.

점점 직책이 높아질수록, 월급이 올라갈수록 더욱더 스케일이 커질 수밖에 없다. 쓰던 가락을 다시 낮추기는 쉽지 않으니까 말이다. 나 또한 이 시기에 소비 욕망이 터지면서 점점 부어가는 간덩이를 방관했기에 하고 싶은 것을 다 해버렸고, 나중에 다시 다운그레이드를 해야 할 무렵 내가 참 철없이 많은 곳에 돈을 썼다는 것을 알게 되었다. 수십 켤레의 신발, 가방, 액세서리, 버릴 수도 입을 수도 없는 옷……. 대리 시절부터 차장까지 이어져온 과소비의 결과물은 결국 이사하면서 조금씩 버리거나 누군가에게 나누어 주었다. 다행히 나름대로 큰 덩어리를 지킬 수 있었기에 어느 정도 목표는 이룰 수 있었지만, 나머지를 모두 갉아 먹은 것은 나쁜 소비 욕망에 휘둘린 덕분이다.

내가 명품 가방을 처분한 날

누구나 가방에 집착하는 시기가 있을 것이다. 나의 경우는 삼십 대 초반부터였는데, 월급에 맞먹는 가격의 가방들을 과감하게 지르곤 했다. 열심히 일만 하다가 불쑥 찾아오는 정신적 공허함을 가방으로 푼 것이 아닌가 싶다. 이렇게 열심히 일했는데 이거 하나 정도는 가져도 될 자격이 있다는 생각이었다.

그리고 현실적으로 명품 가방들을 사 모으기 시작하는 시기는 할부가 감당이 되기 시작할 무렵이다. 한 달에 얼마씩만 내면 충분히 살 수 있었다. 문제는 그 할부가 끝나기 전에 다른 브랜드의 신상이 눈에 들어오는 것이다.

나는 창업을 하게 되면서 어쩔 수 없이 명품놀이를 그만두게 되었다. 현금이 늘 부족한 소자본 맨손 창업가에게 옷장에 쌓여 있는 가방들의 의미는 지금 왜 현금이 부족한지에 대한 명백한 대답이었다.

가방들을 들고 명동에서 유명한 중고 거래업체를 찾아갔다. 살

직장에서 배운 경제

때는 몇백만 원 정도의 가방이 팔 때는 5분의 1 가격으로 돌아왔다. 그나마 처분이 가능한 가방은 두 개 정도였고, 나머지는 바로 처분이 되지 않을 정도로 흔하디흔한 명품 아닌 명품 가방이었다. 흔한 디자인이라 팔려는 사람도 많았기에 좋은 값을 쳐줄 수도 없고, 정히 팔아야 한다면 위탁이라는 방법으로 가방을 맡겨 두고 사러 오는 사람이 생기면 그때 값을 쳐서 주겠다는 것이다. 그것도 예상 판매가가 20~30만 원이었다. 어쩔 수 없이 두 개 정도만 처분하고 돈이 안 되는 나머지는 갖고 있기로 했다. 이 일을 겪으면서 명품 가방에 대한 물욕이 차갑게 식었다.

가난한 여행이 삶을 빛나게 한다

무언가 사야만 하는 강박관념은 내가 꼭 필요해서가 아니라, 내게 꼭 필요하다고 스스로 암시를 걸었기 때문이다. 꼭 필요하다고 믿어야 나의 쇼핑이 정당화되니까 말이다. 가끔 내가 왜 그랬을까, 왜 그렇게 미친 듯이 샀을까 하고 후회되는 시간이 있다. 나는 일상적으로 쇼핑을 즐기기보다는 필요한 것이 있을 때 몰아서 사는 경향이 있는데, 몰아서 살 때 과하게 사는 경향이 있다. 립스틱이나 아이섀도 같은 화장품부터 모자, 스카프, 구두,

가방, 그릇 등 여성들이 빠지게 되는 아이템들에 나 역시 빠지곤 했다.

그 늪에서 헤매다가 간신히 벗어나게 되면 내가 구입한 물건들이 온전히 그 가치를 다 하지 못한다는 사실과, 깊은 위로가 되어주지 못한다는 것을 느끼는 순간이 온다. 내가 맹목적으로 빠지는 물건이나 대상이 있다면, 그것에 빠지는 이유에 대해서 좀 더 깊이 고민해보자. 그리고 나서 지갑을 열어도 늦지 않다. 그리고 그와 비슷한 종류의 물건은 끊임없이 누군가가 생산하고 있으니까 말이다.

대신 하나도 아깝지 않았던 것은 여행에 쓴 돈이다. 인간은 소유하기 위한 물질적 소비보다 문화생활이나 여행 같은 경험적 소비의 만족도가 높다는 연구결과가 있다. 3주 전에 구입한 호화로운 BMW 자동차보다 2박 3일간의 가난한 트레킹 경험이 삶을 윤택하게 만들어준다는 것이다. 또한 좋은 경험은 마음에 오래 남으며 대화의 소재를 제공해 타인과 관계를 맺고 동질감을 형성하는 데 훨씬 큰 도움이 된다고 한다.

나 또한 알뜰히 돈을 모아 여행을 다녀온 기억은 지금 내가 돈을 들여도 다시 살 수 없는 추억이다. 함께 여행을 다녀온 친구들이 이제는 아이 엄마가 되어 같이 가기도 어려울뿐더러 20대와 30대의 감성은 분명 다르다. 지금까지도 내가 소중히 간직하고 있는 여행에 대한 추억과 감정은 그 시기에 내가 그 곳에 있었기 때문이라고 생각한다.

본인이 지향하는 가치, 자신을 가장 기쁘게 해주는 것이 무엇인지를 곰곰이 생각하고 선택과 집중 전략을 세워보자. 결혼자금을 우선 마련하는 것이 중요한 사람, 노후를 위한 연금을 먼저 챙기는 것이 중요한 사람, 밥은 저렴한 것을 먹어도 디저트만은 가끔 최고로 먹어야 행복감을 느끼는 사람 등 원하는 것은 모두 다를 것이다. 분명한 것은 하나를 얻기 위해서는 기존의 생활 패턴에서 그 가치에 상응하는 만큼 다른 하나는 버려야 한다는 것이다. 많은 것을 얻고 싶다면 훨씬 더 많은 돈을 벌기 위해 더 피나게 노력해야 한다. 그렇지 않다면 선택과 집중으로 나를 희생하지 않고 현명하게 경제생활을 끌어갈 수 있을 것이다.

다이너스클럽과 국밥집

1949년, 시카고의 사업가 프랭크 맥나마라는 뉴욕 33번가의 메이저 캐빈 그릴 레스토랑에서 고객과 중요한 식사 약속을 잡았다. 레스토랑은 활력이 있으면서도 적당히 기품도 갖추고 있는 곳이다. 약속 없이도 혼자서 천천히 신문을 읽으며 레스토랑의 갈색 로고가 또렷하게 새겨진 하얗고 뭉툭한 사기 커피잔에 담긴 뜨거운 커피를 천천히 음미할 수 있는 곳이다. 손때가 묻어 오히려 더 멋스러운 진초록색 가죽 소파들과 딱 알맞은 거리를 유지한 테이블의 간격이 서먹한 비즈니스 파트너, 또는 건너편에 앉은 사람과 가볍게 새로운 친분을 쌓기에 좋은 곳이었다. 뉴욕에 갈 때마다 맥나마라는 그 레스토랑에서 꽤 오랜 시간을 보냈다.

그날도 맥나마라는 아내와 함께, 새로운 비즈니스 파트너와 편안한 저녁식사 자리를 가졌다. 당시 뉴욕 월가의 가십거리들을

직장에서 배운 경제

함께 나누면서 새로운 비즈니스를 제안할 심산이었다. 상대방의 눈치를 잘 읽고 배려할 줄 아는 그의 아내가 옆에서 적당한 리액션을 넣어 이야기는 무릇 잘 조리되었다. 그날의 메이저 캐빈 그릴 레스토랑의 추천 요리, 농어 스테이크만큼이나.

흐뭇한 저녁식사를 마치고 웨이터들과 눈인사를 건네며 계산하려던 맥나마라는 갑자기 곤혹스러웠다. 아침에 걸친 갈색 수트가 마음에 들지 않아, 호텔에 다시 들어가 체크 수트로 갈아입으면서 지갑을 놓고 나온 것이 그제야 생각이 난 것이다. 새롭게 관계를 시작하는 비즈니스 파트너 앞에서 점잖은 중년 신사 맥나마라는 어지간히 당황하지 않을 수 없었다. 레스토랑의 지배인과 종업원, 요리사들까지 그를 알고 있었지만 계산을 미루거나 대신해줄 수 없는 상황이라 그들도 함께 어쩔 줄 몰라 했다. 뒤에서 기다리고 있던 파트너도 어디에서 끼어들어야 할지 입장이 난처하긴 마찬가지.

이렇게 모두 어색하고 짐짓 당황스러운 긴 5분이 지나고, 다행히 여자 화장실에서 오랫동안 옷매무새와 화장을 정돈하고 나온 부인이 대신 계산하게 되었다. 성공한 사업가로 인정받는 맥나마라에게 그 5분은 인생에서 가장 긴 시간이었을 것이다.

이후 그날 그 자리에 없었던 레스토랑 주인과 이 일에 대해서 함께 이야기하며 그는 새로운 방법을 생각해냈다. 다음 달 그는 그 레스토랑에 다시 들러, 지갑 대신 빳빳한 카드보드지 위에 자신의 이름과 사인을 한 종이를 내밀고 밥값을 대신했다. 그 카드를 내면 식사가 후불로 계산되도록 식당 주인과 약속한 것이다.

이어 그는 자신의 변호사 랠프 슈나이더와 함께 다이너스클럽 인터내셔널을 창립했다. 1950년 2월 8일, 150만 달러의 자본금으로 시작해서 재벌인 앨프리드 블루밍데일도 합류하며 회사는 커져갔다. 저녁식사를 함께 하는 사람들의 클럽, 즉 다이너스클럽이라고 불리는 회사 서비스는 순식간에 27개 레스토랑이 참여하였고, 그와 동업자의 200여 명의 친구들이 사용하면서 퍼지게 되었다. 식사를 즐기고, 호텔 서비스를 누리던 비즈니스맨들과 사교계에서 이 다이너스카드가 모든 엔터테인먼트 서비스를 자신의 이름만으로 받을 수 있는 새로운 열쇠가 된 셈이다.

2014년 서울 삼성동의 인터콘티넨탈 파르나스 호텔 정문. 나는 지금은 팔았지만 내 애마이자 각종 쇼핑몰 짐들을 실어 나르는 짐차, 크루즈를 끌고 내렸다. 장난감 병정을 연상시키는 회색 유니폼에 각지고 동그란 모자를 쓴 발레파킹 담당 직원이 차 문을 열어준다. 나는 반짝이고 무거운 티타늄으로 특수 제작된 나만의 플레이트, 퍼플 카드를 내민다. 그러곤 호텔 프런트로 가서 진보라색 호텔 바우처를 꺼내며 내 이름으로 예약된 주니어 스위트룸 체크인을 재확인하며, 유효기간이 며칠 안 남은 바우처로 내일 체크아웃 시 토털 금액에서 차감하겠다고 이야기를 한다. 연회비 60만 원의 그 보라색 카드가 1년 동안 주는 고급 서비스는 이미 60만 원을 넘어섰다.

프랭크 맥나마라 덕분에 나는 내 이름이 적힌 카드를 내밀기만 하면 언제 어디서든 원하는 것을 얻을 수 있게 되었다. 맥나마라의 종이로 된 카드는 발전에 발전을 거듭해서 이제는 하나의 예술작품처럼 만들어진 고급 카드가 되었다. 물론 매달 카드회사의 정산에 시달리게 되었지만, 제품이나 서비스를 편하게 살 수 있게 된 것은 그의 덕분이라고 해두자. 늘 내가 내미는 그 퍼플카드는 일반 카드보다 두툼하고 무거운 소재라 누구든지 한 번씩 말을 건넨다. 아, 특이하네요, 무겁네요. 이상한 자부심을 높여주는 듯한 그 카드는 사실 한도 100만 원밖에 되지 않는 신용카드일 뿐이다. 내가 설정해둔 한도였다.

매달 700만 원 쓰고 갚으세요

MBA 과장 입사 동기들과 함께 수다를 떨던 중, 당시 유행이던 아이패드를 얼마에 샀는지 물어본 적이 있었다. 그러다 경제관념이 밝은 동기 한 명이 현대카드의 퍼플카드를 만들면 아이패드는 물론 1년에 한 번씩 원플러스원 비행기 티켓, 호텔 할인권, 브랜드 제품 교환권 등 다양한 혜택이 있으니, 매년 다 사용하는 라이프스타일이라면 만들어두는 게 좋다는 것이었다. 쉽게 발급해주는 카드는 아니었지만 당시는 카드가 갓 생겼을 때라 적극적으로 회원을 유치하고 있었다. 당시 나는 내 명의로 된 집과 차가 있고, 안정적인 월급을 가진 과장이었기에 다행히 카드 승인이 떨어졌다. 문제는 카드 한도였다. 700만 원이라는 카드 한도가 나왔고, 이미 가지고 있던 카드들과 장롱 속에 박아둔 카드들까지 합치면 한도가 월 2,000만 원이 넘었다. 내 월급의 몇 배를 상회하는 카드 한도라 정말 아찔했다.

엄마는 늘 명품 백에 신용카드 여러 장 들고 밤길을 다니는 여자들만큼 강도들에게 좋은 먹잇감은 없다고 그랬다. 당장 들고 있는 현금보다 지갑에 두둑이 들어 있을 신용카드만 뺏어도 긁을 수 있는 한도가 엄청날 것이고, 명품 가방을 갖고 걸어가는 여자의 가방엔 신용카드도 여러 장 들어 있을 확률이 높다는 게 시골 할머니인 엄마의 지론이었다. 당시 나는 그랬다. 유행하는 명품 가방에 백화점 할인이 되는 백화점 신용카드, 대형마트 멤버십 카드, 커피 업그레이드가 가능한 신용카드, 이렇게 저렇게 늘 들고 다니는 카드만 최소 4개였다.

카드 한도 700만 원에 정신을 차린 나는 카드회사에 연락했다. 전용 상담 서비스라 그런지 전화 연결도 빨랐다. 카드 발급을 받자마자 카드 한도를 대폭 낮춰달라는 요청은 카드사 입장에서 반갑지 않겠지만 고객이 요청하는데 어쩌랴. 그리하여 연회비는 60만 원, 월 카드 사용 한도는 100만 원, 현금 서비스는 제로인 나만의 카드가 만들어졌다. 나머지 카드들은 과감하게 잘라버렸다. 물론 카드사에 일일이 전화해서 카드 서비스를 해지했다. 물론 각종 혜택들을 눈앞에서 사라져 아쉬웠지만, 카드 한도라는 것이 점점 걷잡을 수 없는 악순환을 초래하는 것을 알기에 내린 결정이었다. 가위로 카드를 잘라내면서 카드빚은 월 100만 원만 지기로 결심했다. 그 후 다행히 카드 악순환에 빠지지 않을 수 있었고 무늬만 퍼플카드인 카드를 들고 다니며 혜택은 충분히, 카드 지름신은 적당히 관리하고 있다.

　2014년 11월 나는 운영하고 있던 쇼핑몰 물류센터 근처에 있는 어느 국밥집을 찾았다. 3,900원이라는 말도 안 되는 착한 가격에 24시간 운영하는 그 국밥집은 메뉴 특성과 달리 젊은 사람들도 끊임없이 찾는 가게였다. 최근 우연히 발걸음하게 된 그 가게에서 매일 새로운 메뉴들을 시켜가며 아삭한 깍두기, 김치와 함께 늦은 아침 겸 이른 점심을 배불리 먹을 수 있었다. 가격이 저렴해서만이 아니라, 모든 메뉴가 최근 먹어본 음식 중에서 제일 깔끔해서 늘 국물까지 다 먹게 되는 국밥집에 오늘은 미싱 이모와 함께 다녀왔다. 입맛 까다로운 이모에게도 합격점을 받고 카드를 내밀었는데 국밥집 사장님은 이름과 전화번호만 남기고 다음에 현금으로 계산해달라신다.

이미 장부에는 여러 사람들의 이름과 전화번호가 빼곡했다. 나쁜 마음을 먹고서든 아니면 바빠서든 받지 못한 미수금도 꽤 많을 텐데, 신용카드는 안 받는다고 한다. 카드 수수료 때문일 것이다. 나도 쇼핑몰을 운영하면서 이해가 되는 지점이었다. 그래도 식당이 잘 되는 것은 사람들이 대부분 외상을 갚기 때문일 것이다. 근처 은행에서 현금을 뽑아 식당으로 향하는 길에 맥나마라의 다이너스클럽이 생각났다. 신용과 친분으로 외상이 가능하게 한 신용카드의 원형이 이곳에서도 나타나는 듯했기 때문이다. 이것도 일종의 국밥집 모임으로 이름 지을 수 있을까 생각하니 웃음이 지어졌다.

큰돈의 시작은 늘
푼돈이었다

시간은 우리의 피부를 늙어가게 하지만, 대신 우리의 돈을 익어가게 해준다. 하루 이틀 선크림 안 바른다고 별 차이는 없겠지만, 10년을 비교하면 명확한 차이가 보인다. 나보다 아홉 살이 많은 지인은 10년 이상 꾸준히 선크림을 바르고 1,000원짜리 마스크팩으로 수분을 충분히 주는 노력을 기울이면서 내 또래라고 할 만큼 어려 보이는 동안 피부를 유지하고 있다. 물론 타고난 것도 있겠지만 30대를 넘어서면서부터는 타고난 것조차도 유지하기 위해서는 노력이 필요하다.

내가 《서른셋 싱글 내집마련》이라는 책을 낼 수 있었던, 서른셋에 은행 대출을 끼고 20평형대 소형 아파트를 살 수 있었던 데에는 종잣돈이 있었기 때문이다(책에도 썼지만 집값이 더 오르지 않을 지금으로서는 무리한 집 사기를 권하고 싶지 않다). 당시 내가 어떻게 종잣돈을 모을 수 있었는지 궁금해 하는 사람들이 많았는데, 특별한 재테크 실력을 발휘한 건 아니었다.

가장 잘했던 것은 시간을 오래 두고 묵힐 수 있었던 점이다. 특히 지금은 없어졌지만 7년을 묵혀야 했던 장기주택마련저축이 큰 몫을 했다. 하루 이틀로는 티가 안 나지만 꾸준하게 반복했을 때 10년 뒤 결과물을 발휘하는 돈을 숙성시키는 법에 대해서 나의 값진 경험을 적어보고자 한다.

일단 경제 활동이 시작되었다면, 은행이나 안정적인 금융기관에 여러 개의 정기적금을 들어야 한다. 주택부금이나 주택청약은 기본적인 금액에만 맞춰서 들면 되고, 수시 입출금이 필요한 통장의 경우 CMA통장으로 만들면 좋다. 지금은 저금리라 상황이 달라졌지만 예전에 나는 적금의 경우 꼭 기한을 1년, 3년, 5년, 10년 단위로 분리해서 만들었다. 하나의 상품에 올인하게 되면, 한꺼번에 해약하게 되는 일이 반드시 생기니 금액을 작게 쪼개더라도 3개 이상 분리하여 가입하는 것이다. 우선 시간을 두고 몇 년씩 익힐 장독대를 마당에 묻는 작업을 시작해야 한다는 점을 이야기하고 싶다. 술이 익어가고 장맛이 깊어지는 데 시간이 걸리듯이 돈이 돈을 벌기 시작하려면 최대한 오래 두고 익혀갈 필요가 있다. 아무리 저금리라도 일단은 묶어두어야 돈이 뭉친다.

일단 장독대를 묻었다면 이 장독대를 자주 열어보지 않기 위하여 장독대를 잊어버려야 한다. 그리고 돈을 쓸 수 있는 시간을 줄이는 것도 좋은 방법이다. 내가 입사 후 돈을 모을 수 있었던 가장 큰 이유는 일에 깊이 파묻힐 수 있던 시기였기 때문이다. 회사에서 야근수당을 준 것은 아니지만 점심과 저녁 식비 지원이 되었고 배울 일들은 매일 매일 넘쳐났다. 열심히 일을 하면서, 그 안에서 성취감을 느끼며 성장할 수 있었고 그렇게 시간이 자연스럽게 흘러가는 동안 나의 장독대들은 하나 둘씩 만기가 다가오고 장맛이 깊어지고 있었다. 야근을 권하고 싶지 않지만, 당시 나는 야근도 즐길 만큼 일하는 재미에 빠져 있었기 때문에 개인적으로 돈을 쓸 시간은 주말밖에 없었다.

지인의 부인이 한때 주식으로 돈을 많이 벌었다는 이야기를 들었다. 물론 나는 주식을 절대 하지 않는 사람이기 때문에 권하는 편은 아니지만, 그분의 주식 투자 패턴 중 재미있는 점이 있었다. '빵원'이 되어도 괜찮을 정도의 여윳돈으로만 주식을 사는데, 신중해서 고른 종목을 산 다음에는 컴퓨터에서 주식 프로그램을 아예 삭제해버렸다고 한다. 물론 휴대전화에서도 거래가 되지 않도록 어플리케이션을 삭제했고 주가를 확인해보지도 않았다. 사두고 일상생활을 하면서 한동안 잊어버리고 있다가 시간이 꽤 흐른 후 주가를 확인해보면 기대 이상으로 올라 있을 때가 많았다고 한다. 그래서 그런 주식들은, 향후 주가가 더 오른다는 전망이 있어도 뒤도 안 돌아보고 팔았고 그 덕에 주식으로 꽤 좋은 수익을 낼 수 있었다고 한다. 물론 주식은 약간 성격이 다르지만, 돈을 모으는 것도 이렇게 오랜 시간 동안 묻어두고 익어가기를 기다려야 한다.

이자는 주말에도 일한다

만약 어떤 형태로든 이자가 붙는 대출이나 빚이 있다면, 빚을 가장 단기간에 상환하는 것을 제1순위로 삼아야 한다. 적금이자보다 대출이자가 더 높기 때문에 대출이 까먹는 이자와 원금 부담을 가장 먼저 털어버리는 것이 급선무다. 피부 관리에 비유하자면, 맑은 피부를 연출하기 위해 우선은 눈에 띄는 검은 점과 여드름을 없애는 것과 마찬가지다. 기본 바탕이 맑지 않으면 진한 화장으로 덮어야 하고, 진한 화장은 피부를 지치게 만드는 원인이 되므로 빚을 먼저 처분하는 것이 가장 중요하다.

단기간에 해결되지 않는 큰 규모의 대출이라 하더라도 이자 외에 원금을 최대한 빨리 상환하기 위한 계획을 촘촘히 짜야 한다. 안정적으로 수입이 들어오는 예상 근속연수를 헤아려본 후 매달 갚을 금액을 계산한 후 이자와 원금을 계획적으로 갚아나가자.

가령 전세대출을 위해 2년 동안 5,000만 원을 연 4퍼센트의 이자로 대출을 받았다고 하면 매달 붙는 이자는 17만 원이다. 거기에 원금(5,000만 원÷24개월)은 약 200만 원 정도 되니 단순 셈으로 전세를 사는 동안 매달 217만 원을 갚아나갈 생각을 해야 한다.

은행은 날씨가 쾌청하면 우산을 빌려주고 비가 오면 우산을 거둬가는 곳이라는 명언이 있다. 경기가 좋으면 필요 없는 대출까지 권하는 곳이지만 은행에 문제가 생기면 만기일도 채 되지 않았는데 상환하라고 독촉하는 곳이 은행이다. 국제정세가 어떻게 변할지 모르므로 2년 후 또 대출을 갈아타면 되지 하는 안일한 생각은 위험하다. 특히 이자가 비싼 대출일수록 먼저 갚아야 한다. 원금이 줄어들지 않는 이상 이자는 끊임없이 증식하기 때문이다.

적금을 들겠다고 마음을 먹었다면, 최소 세 군데 이상 은행에 들러 상담을 받아보길 바란다. 긴 상담을 받고 나서, 꼭 그 자리에서 가입해야 하는 것은 아니니 아이쇼핑이다 생각하고 번호표를 뽑으면 좋겠다. 항상 사람들은 매몰비용에 대한 부담이 있어서 거기까지 찾아가 순서를 기다려 오랜 상담을 끝낸 뒤에는 어떤 상품에 대해 계약을 해야 한다는 강박관념이 있다. 하지만 백화점에 가서 아이쇼핑만 하는 것처럼 금융 상품들을 요모조모 비교하는 습관을 가져야 한다. 백화점에서 다 둘러보고 "더 둘러보고 올게요"라고 말하는 것처럼 상담을 받고 나서도 "집에 가서 좀 더 생각해볼게요" 하고 돌아설 수 있는 것이다. 나에게 투자한 은행 직원의 10분을 생각해서 상품을 결정해버리지 말고 나의 1년, 5년, 10년 후를 생각하고 천천히 결정해도 된다. 여러 은행을 들러 상담을 받은 후 최종 결정하는 것은 좋은 금융 습관이 될 것이다.

같은 은행이라도 상품마다 혜택이 다르고, 은행들 사이에서도 주력 상품들과 실제로 고객에게 더 유리한 상품들이 다르니 꼼꼼하게 살펴보자. 나는 점심시간을 이용하거나, 외근을 다녀오는 짬을 활용해 은행을 찾곤 했다. 은행 번호표를 뽑고 기다리는 동안 나의 현재 재무 상황에 대해 혼자 생각해보는 습관이 있었다. 인터넷 뱅킹으로 잔금을 확인하기도 하고, 통장 정리를 하며 숫자들이 어떻게 늘고 줄어드는지 관찰하는 것을 좋아했다.

은행만 아는 월적수 이자계산법

요즘같이 금리가 낮아 실질적인 물가상승률을 생각한다면 오히려 마이너스 금리나 마찬가지인 시대에, 상대적으로 금리가 낮은 정기적금은 매력이 없어 보인다. 하지만 돈이 돈을 벌어주는 금융 수익의 작은 시작은 항상 작은 돈에서부터 시작된다. 우선 쓰지 않고 가루들을 온전히 모아야 작은 덩어리라도 만들 수 있는 것이다. 그 덩이들을 녹이지 않고 잘 보존해야 그때부터 돈을 굴릴 수 있게 되므로 우선 눈을 녹이지 않고 온전히 냉동실에 잘 보존하겠다는 마음으로 적금에 대한 시간을 들일 필요가 있다.

흔히들 이자에 대한 직관적인 숫자만으로 이자가 높거나 적다고 생각하거나, 원금에 대한 단순 이자 곱셈으로 이자에 대해 과장된 기대치를 가질 수 있는데 실질적인 이자에 대해 정확하게 접근할 필요가 있다. 같은 2퍼센트 이자라도 결과적으로는 다른 이자 수익이 나올 수 있다. 어떻게 책정되는 이자인가에 따라서 말이다. 단순 계산법이 아니라 실효 이자율을 꼼꼼히 따져본다면, 기간별 예상 실질 이자 수익을 정확하게 알 수 있다.

우선 내 경우는 은행에서 상담을 받고 마음에 드는 상품이 있다면 구체적으로 기간별 만기에 따른 예상 월적수표와 실질 이자율을 뽑아달라고 한다. 월적수표는 쉽게 생각하면 이자가 측정되는 실효 개월 수라고 말할 수 있다.

목돈을 한꺼번에 예치하는 것이 아니라 일정 금액을 납입하는 정기적금의 경우, 표면금리를 모든 원금에 그대로 적용해줄 수는 없다. 예치한 기간이 채 한 달이 안 되는 마지막 불입금에 대해서는 딱 한 달간의 이자를 책정하는 것이 당연하므로 연 3퍼센트의 적금도 1년 만기 기준으로는, 이자에 대한 15.4퍼센트 세금을 제하고 나면 실효 이자가 1.14퍼센트에 그친다. 월적수표에 따른 실질 이자 계산표를 뽑고, 다른 은행에도 시간이 될 때 들러 어떤 상품이 있는지와 괜찮아 보이는 상품의 실질 이자 계산표를 뽑아 보자.

매달 50만 원씩을 붓는 적금의 월적수에 따른 실질 이자를 계산해보면, 같은 연 2.5퍼센트의 정기적금이라 하더라도 1년은 실질 이자가 68,738원에 그치는 데 반해 5년의 경우 실질 이자가 1,612,688원으로 1년 만기보다 4년을 더 부었을 뿐이지만 이자 수익은 23배나 나는 것을 알 수 있다. 월적수는 '계약월수×(계약월수+1)÷2'이다. 1년이라면 '12개월×(12+1)'을 2로 나누는 것이니 78이다.

5년을 이 같은 방식으로 월적수를 계산하면 1,830이다. 언뜻 보아도 1과 5의 차이보다 78과 1,830의 차이는 훨씬 크다. 이자를 월수 개념을 적용하여 계산해보면 같은 연 2.5퍼센트의 이자라 하더라도, 15.4퍼센트의 이자세액을 공제하고 난 뒤 최종 실질 이자 수익은 1년 만기(68,738원) 대비 3년(264,375원), 5년(1,162,688원)의 경우 각각 4배, 23배로 크게 달라진다. 그래서 되도록이면 3년 이상 시간을 길게 들일수록 좋은 것이다.

> 월적수＝계약월수×(계약월수+1)÷2
> 실제 받는 이자＝월불입액×적용 이자×월적수÷12

재형저축의 부활

몇 년 전 재형저축상품이 다시 등장했다. 서민들의 재산 형성을 돕는다는 뜻에서 부활시킨 은행상품이다. 예전 기사를 검색해보니 1980년에는 최대 3년 만기 33.5퍼센트까지 이자를 주기도 했다니(〈동아일보〉 1980년 1월 14일자 기사) 실제 서민들의 재산 형성에 큰 도움이 되었을 것이다.

지금은 물론 그만큼의 금리를 줄 수는 없고 은행별로 주는 금리도 다르지만 대략 연 4.3퍼센트 전후의 금리를 제공하고 있어 비과세 혜택에다 시중 적금 금리에 비하면 2퍼센트포인트 이상 높은 편이다. 나 또한 과거에 이와 유사한 장기주택마련저축을 가입해 7년 동안 돈을 모았는데 훗날 집을 사는 데 큰 역할을 했다. 물론 7년을 묶어두어야 한다는 단점이 있지만 상대적으로 높은 금리에 오랜 시간 묶힐 수 있는 장점도 있으니 통장을 개설해 소액이라도 꾸준히 불입하는 것도 좋겠다.

적금 외에 수시 입출금 통장의 경우 CMA 연계 통장으로 개설하면 잠시 머무르는 소액이라 할지라도 마음껏 입출금을 하면서 기존 은행 이자보다 높게 받을 수 있다. CMA도 금융기관마다 이율이 약간 다른데, 수시 입출금 통장의 경우 이자가 거의 0퍼센트인데 비해 2퍼센트 이상의 이자를 받을 수 있으니 이용해볼 만하다.

오랜 시간을 들여 적금을 붓다 보면 1년짜리의 경우 만기가 되어 필요한 곳에 다시 투자하거나 꼭 필요한 일들에 돈을 쓸 수 있겠지만 3년, 5년, 10년짜리의 경우 중간에 아주 급한 일로 피치 못하게 해약해야 할 일들이 꼭 있다. 나도 몇백만 원이 필요해 당시 2년 이상 붓던 적금을 해약한 적이 있는데 급한 불이 꺼진 뒤에 얼마나 후회했는지 모른다. 내가 쏟아부었던 2년이라는 시간을 전혀 보답 받지 못하고, 해약금 떼고 거의 원금만 돌려받았을 뿐이었으니 말이다.

사실 그 정도의 급한 돈은 친구나 부모님과 상의하여 융통하여 처리할 수 있었다. 만약 소액이 필요해 적금을 해약할지 고민이라면 만기 때 받을 수 있는 이자를 계산해보고, 차라리 지인에게 약간의 이자를 쳐서 빌려서 해결하는 것이 좋다. 내 경우 자존심 때문에 말하지 않고 적금을 깨는 바람에 다시 2년의 시간을 쌓을 새로운 상품을 다시 들어야 했지만, 나중에 돈이 생겨 메꿀 수 있을 때는 이자가 상대적으로 좋았던 그 상품은 이미 없어진 뒤였다.

10년 후 내게 주는 선물

내가 가장 못하는 부분은 통장에 현금을 오래 두지 못하는 것이다. 그래서 미리미리 다른 곳으로 안전하게 피신시켜둬야 한다. 그렇지 않으면 나는 잔고가 0이 될 때까지 쓰는 나쁜 버릇이 있다. 100만 원이라도 일정 수위를 유지해야 하는데 연금, 적금, 보험 등을 제외하고 남은 통장에서 현금을 항상 끝까지 다 써버리고 마는 것이다. 하지만 여러분은 꼭 일정 수위를 스스로 설정하고 그 수위만큼의 잔액을 유지하는 습관을 들이기를 권한다.

은행에도 지급준비율이라는 것이 있지 않은가. 펌프에서 물을 끌어올릴 때 물을 조금 부어 펌프질하면 물이 더 잘 나온다고 한다. 이것이 마중물 논리인데, 기업이나 경제 관점에서는 선투자 개념이 될 수 있다. 일정 수준의 마중물을 유지하면서 통장을 관리하는 것도 좋은 방법이다. 100만 원이라는 마중물 수위를 정했다면, 100만 원 이하로 내려갔을 때 스스로에게 절약의 사인을 보내고 한 달이 지난 후 100만 원이 넘는 초과액은 다른 통장으로 옮겨 작은 돈을 쌓아가는 습관을 들이자.

너무나 당연한 말이지만 지금보다 더 많은 돈을 모으려면 지금보다 돈을 더 많이 벌거나 지금의 소비 수준을 낮춰야 한다. 너무나 간단한지만 절대로 쉽지 않은 이 공식을 10년을 바라보고 꾸준히 실천하게 된다면 이야기가 달라질 것이다. 이미 허리띠를 졸라매며 살고 있고 스펙 전쟁으로 치열하게 살고 있는 마당에 또 한 번 씀씀이를 아끼고 몸값을 높이라는 채찍질은 짜증이 날 것이다. 그래도 살을 빼려면, 운동을 통해 근력을 키우고 기초대사량을 높여야 하듯이 돈을 모으기 위해서는 무의미한 지출은 줄이고 수입 또한 지금보다 또는 또래보다 좀 더 늘릴 수 있는 경쟁력을 길러야 한다.

돈이 익어가는 시간 동안 업무와 관련된 자격증을 따거나, 어학 실력을 쌓거나 일과 관련된 취미를 키우고, 인맥을 넓히는것도 방법이다. 사실 이 또한 어느 정도 투자가 필요한 활동들이기 때문에 목돈을 준비하는 데 단기적으로는 방해가 될 수 있다. 하지만 내 경우 20~30대를 돌이켜 보면 절대로 아깝거나 허투루 쓴 돈이 아니라는 생각이 든다. 끊임없는 자기계발이 사치가 아니라 투자가 되어 내게 돌아올 것이라는 믿음을 가지고, 자기계발에 대해서도 구체적인 목표를 세우고 길게 보고 노력하면 좋겠다.

10년 후 내게 이탈리안과 대화할 수 있는 능력을 주거나 배드민턴으로 다져진 건강한 체력을 선물해주는 건 어떨까? 매달 커피값을 아껴 10년 후 바쁘게 살고 있을 내게 4박 5일 동안 비즈니스 클래스로 해외여행을 갈 수 있는 적금통장을 선물하거나 직장을 그만 두어도 부업을 할 수 있는 자격증을 선물하는 것도 좋겠다. 책을 읽는 이 시점에서 10년은 당장 손에 잡히지 않는 미래일 것이다. 그러나 생각보다 10년이라는 시간은 빨리 다가온다.

그리고 그때가 되면 10년 전으로 다시 돌아갈 수 없다는 것을 명심하자.

나도 모르는 빛

오랜만에 아르헨티나에서 귀국한 대학 동창 윤지를 만나 친구들과 일상 깨알 수다를 나눴다. 그녀는 독실한 가톨릭 신자로 평소에도 아르헨티나에서 추기경 시절 낮은 자세로 임해온 프란치스코 교황을 존경했던지라 교황의 한국 방문에 맞춰 그 행렬에 오른 것이다. 윤지에게는 예수처럼 잘생긴 아르헨티나 남자친구가 있는데, 일러스트레이터인 그는 신문사에 다니며 외부 작가 활동도 하면서 검도나 동양문화에 관심이 많았다.

재미있는 사실은 그 남자친구의 여동생이 히피라는 것이다. 히피들은 특정 단체에 소속되길 거부하므로 당연히 뚜렷한 직업도 없다. 경제관념이 밝은 것을 기피하므로 열심히 일하지도 않는다. 매일 노는 것같이 하루를 보내면서, 부모의 경제적 뒷받침을 거부하지 않는 이중적인 모습을 보면 답답하다는 친구의 푸념이 재미있었다. 예비 시누이와의 관계가 한국에서와는 다른 차원의 고민이었기 때문이다.

히피라 해도 돈이 일정량 필요할 텐데 생활은 어떻게 하느냐고 물어보니 돈 쓰는 일을 최소화하고 가끔 목걸이나 만들어 팔아서 용돈 삼아 쓴다고 한다. 히피적인 삶을 게으르다고 비난할 수도 있지만, 소비를 최소화하고 적어도 빚을 지지 않는 관점에서 본다면 은행 빚을 이고 있는 우리보다 차라리 더 낫겠다는 생각이 들었다. 빚이 제로일 때는 온전히 내가 돈을 더 벌 것인가, 시간을 더 누릴 것인가 선택할 수 있고 원한다면 '닐리리야 정신'으로 살 수 있다. 적어도 남에게 줘야 하는 빚이 없다면 내가 적게 먹는 것이 문제가 되지는 않으니까.

하지만 빚이 있다면 돈을 버는 쳇바퀴에서 벗어날 수 있는 권리가 없어진다. 슬프지만 빚을 권하는 사회에서 우리는 일정량 빚을 나눠서 안고 있다. 은행 대출금이 없다 하더라도 차량 할부금, 2년 약정 휴대전화, 카드값, 2년 뒤 오르는 전셋값 차액이 모두 잠정적인 빚이다. 가만히 혼자 살기 힘든 사회 구조라 정신 차리고 보면 이미 어떤 형태로든 빚이 있다. 그래서 많은 사람들이 슬프게도 다람쥐 쳇바퀴에서 헤어나지 못하고 있다.

한국은행이 2014년 9월 발표한 가계 대출 집계를 보면 1,000조 원을 이미 넘어섰다. 그리고 전년도 대비 가계 대출 증가 속도가

직장에서 배운 경제

더 빨라지고 있으므로 적신호가 켜진 셈이다. 물론 가계 대출의 큰 비중은 부자들이 차지하고 있지만 서민 가계와 저소득층의 부채 비중이 빠른 속도로 증가하고 있다는 사실을 생각하면 안타깝기만 하다. 돈이 많은 사람이야 빚이 많아도 처분할 자산이 있으므로 최악의 경우에 닥치더라도 해결이 가능하다. 하지만 상대적으로 저소득이나 일반적인 소득을 가진 사람에게 빚은 소액이라 하더라도 더 치명적일 수밖에 없다. 저소득 가계 대출도 전체 파이에선 미미하지만, 한 가계를 기준으로 보면 대출이 늘어나고 있는 것은 밝은 신호가 아니다.

창업 후 내게 차가워진 은행

내가 본격적으로 은행 출입을 한 것은 대학생이 되면서다. 집에서 보내주는 용돈을 찾아 써야 하고, 과외비가 입금되었는지 확인하기 위해서였다. 잔고가 없으면 없는 대로 다음 용돈이나 과외비가 입금될 때까지 초절약 모드로 살았다. 회사원이 되기까지 내게 빚이라는 개념은 없었다. 그런데 안정적인 월급 생활을 하면서부터 나의 빚은 본격화되었다. 신용카드가 생겼고, 매달 꼬박꼬박 납입해야 하는 휴대폰 할부금, 보험, 월세가 생겼다.

저축만 알토란같이 하던 내가 월급이 많아질수록 신용카드 수가 늘어나더니 총한도가 더불어 늘어나고 내가 긁어대는 신용카드 비용이 월급과 맞먹을 만큼 불어나기 시작했다.

본격적인 대출이 시작된 것은 유학을 가게 되면서다. 당시 내가 모아놓은 전 재산과 자취하던 빌라 전세금이 딱 MBA 등록금 정도였고 생활비는 없었지만, 합격장 하나로 친절한 미국 은행(Bank of America)에서 빌릴 수 있었다. 학자금 대출을 받아 유학을 다녀오고, 열심히 일해서 빚을 갚았다. 그리고 주택담보 대출로 집을 샀고, 담보 대출 원금과 이자를 내느라 허리가 휘기 시작했다. 그런 와중에 할부금으로 차를 샀다. 이렇게 욕심을 내면서 계속 빚을 내고 갚는 챗바퀴에 빠지고 말았다. 지금은 모두 정리했지만, 어쩌면 분수에 넘치는 욕심을 부리면서 스스로 챗바퀴에 들어간 셈이다.

창업을 하고 나니 꾸준하고 일정했던 월급이 사라졌다. 나의 매출과 순이익은 달마다 일정하지 않으니 평소에 일절 낸 적 없던 은행 송금 수수료가 발생하기 시작했다. 건당 500원 많게는 1,000원씩 매번 거래마다 발생하니 이 또한 아차 싫어진다. 지금까지 10여 년을 주거래 은행으로 이용해왔는데, 단지 내 통장에 월급이라는 형태의 규칙적인 돈이 꽂히지 않는다는 사실만으로 내 개인 자산은 달라진 바 없는데 갑자기 태도를 바꾼 것이다.

직장에서 배운 경제

겉으로는 100만 원을 버는 회사원보다 150만 원을 버는 자영업자가 더 좋아 보일 수 있지만, 은행은 100만 원 월급생활자를 훨씬 더 친절하게 모신다. 각종 혜택을 주면서 대출도 쉽게 해주던 그 은행이 내게 갑자기 차가워진 것은 확실성이 없어졌기 때문이다. 창업을 하고 나서 은행 대출이 아주 힘들어진 것이다.

적어도 내가 원하는 속도대로 살아가고, 쉬고 싶을 때 쉬기 위해서는 우선 빚이 전혀 없어야 한다. 물론 경기가 좋고, 집값이 계속 오르고, 매년 연봉이 인상된다는 확신이 있다면 은행 대출을 이용한 레버리지(대출 등 남의 자본을 재투자하여 수익률을 높이는 방법)도 괜찮은 투자법이 될 수 있다. 하지만 경제성장률이 더디어지고 있고, 부동산 시장도 기운을 잃어가는 현재 시점에서는 더 많은 빚을 내는 것보다 몇백만, 몇천만 원이든 빠른 시일 내에 갚아나가는 것이 중요하다. 바이러스를 제거하기 위해서는 숙주를 제거해야 하듯, 끊임없이 이자를 요구하는 대출금이나 빚은 원금 자체를 모두 상환해야 한다.

조기 상환 수수료라는 것은 은행이 이자를 받을 기회를 놓친 것에 대한 일종의 벌점이다. 조기 상환 수수료를 내더라도 기회가 되는 대로 대출금을 모두 상환하는 것이 좋다. 혹자는 저축하면서 대출금 이자를 내기도 하는데, 저축 이자율과 대출 이자율 간의 갭은 크다. 저축은 당분간 쉬더라도 대출금을 줄이는 것이 무엇보다 중요하다.

경제 디톡스로 건강한 경제생활을
다시 시작할 때

지난 7년 동안 꾸준히 살이 쪄왔다. 살이 찌기 시작한 2년 차에는 새벽마다 PT를 거르지 않았고, 소형 전자저울로 칼로리를 일일이 재가면서 식단을 제한하고, 닭 비린내가 물릴 정도로 닭가슴살을 먹으며 다이어트를 열심히 한 적도 있다. 눈물겨운 노력으로 두 달 만에 체지방을 쏙 빼고 건강한 몸을 만들 수 있었다. 그러나 다시 일상생활에 적응되고 일하며 받은 업무 스트레스를 먹고 마시는 것으로 풀다 보니 훨씬 더 몸무게가 불어났다.

좀 지나면서 바지는 아예 못 입게 됐다. 몸매를 두루뭉술하게 덮어줄 수 있는 스타일의 치마, 레깅스, 엉덩이를 덮는 셔츠 등을 찾게 되었다. 몸에 붙는 예쁜 옷들은 몇 년째 안 입는, 아니 못 입는 옷들이 되어 버렸다. 그래도 예전에 운동과 식단 관리로 성공적으로 체중을 빼본 경험이 있어 '이러다 날 잡고 한번, 정신 차리

직장에서 배운 경제

고 한번 빼면 되겠지'라는 생각으로 나쁜 식탐을 버리지 못했다.

헬스 트레이너들에게 가장 어려운 고객은 예전에 한 번 살을 빼본 경험이 있는 사람이라고 한다. 성공했던 경험이 있으니 '에이~ 하면 되지'라면서 트레이너들의 코치를 곧이곧대로 받아들이지 않고 열심히 하지도 않기 때문에 지지부진하게 끝나는 경우가 많다고 한다. 나 또한 그런 케이스였고, 7년간 살을 빼기는커녕 꾸준히 살이 붙어 이제는 현재의 몸무게가 원래의 내 몸인양 굳어버린 차였다.

몸이 무거워지니 행동도 둔해지고 외모에 대한 자신감도 줄어들고 있었다. 그 무렵 단식을 오랫동안 공부하고 실천해온 친구를 만났다. 친구의 몰라보게 건강해진 혈색과 몸매, 정신적인 평온함과 활력을 지켜보면서 나도 단식을 해보기로 했다. 10일간의 단식 그리고 10일간의 보식을 거쳐 점차 정상식으로 돌아가는 프로그램이었다. 10일간의 단식 기간 동안에는 오직 물과 아홉 번 구운 죽염 한 티스푼, 감잎차만을 마셨다. 그리고 10일간은 소량의 아주 엷은 미음으로 천천히 음식물을 섭취하면서 몸을 회복하는 기간을 가졌다.

나는 다이어트를 위해 시작했지만 사실 단식에서 가장 중요한 것은 몸속 노폐물을 내보내고, 소화기관을 쉬게 하여 몸을 건강하게 다스리고 정신을 맑게 하는 것이다. 분명 먹은 것이 없지만 매일 아침 내 몸에서 무언가가 계속 배출되고 있었다. 풍욕과 냉온욕을 통해 피부 밖으로 노폐물을 보내는 과정을 반복하면서 몸이 가벼워지고 더 건강해지는 경험을 했다. 물론 살도 많이 빠졌으며 더 좋은 점은 조금만 먹어도 이내 배가 부르게 되고 음식에 대한 욕심을 스스로 제어할 수 있게 되었다는 것이다.

나의 경제 디톡스

단식 기간 동안 아주 친한 친구들과의 모임을 제외하고는 사람 만나는 일을 자제했다. 몸이 아기와 같이 순수하고 민감한 상태가 된다기에 화학적 성분이 들어간 샴푸, 비누, 치약 등 모든 것들의 사용을 줄였다. 가능한 한 물로 자주 씻었다. 죽염으로 이를 닦아야 했기 때문에 외부 활동을 평소보다 많이 줄일 수밖에 없었다. 그리고 매일 두 잔씩 즐겼던 커피도 마실 수 없었다.

이렇다 보니 자연스럽게 그동안 친구들을 만나 먹고 마시는 데 쓰는 외식비, 만나고 늦게 헤어지면서 귀찮아서 탔던 택시, 매일 들르던 프랜차이즈 커피숍, 다 먹지도 못하면서 맛을 보겠다는 욕심으로 메뉴 하나를 더 시키던 버릇이 나의 생활비를 갉아먹고 있었다는 것을 알게 되었다. 물론 사업하는 내게 사람을 만나는 것만큼 중요한 일은 없지만 일련의 만남들 속에서 헛돈들이 줄줄이 새고 있었다.

돈을 쓰는 것은 매일 반복되는 일이다. 우리가 앞으로도 돈을 벌고, 누군가를 부양하고, 스스로의 행복을 위해서 돈 쓰는 일을 무한 반복해야 하는데 이쯤에서 한번 스스로 소비 패턴을 점검해봐야 한다. 쓸데없이 붙어 있는 뱃살, 몸속에 오랫동안 쌓여 독을 뿜어내며 내 피부와 소화기 건강을 해치고 있었던 숙변과도 같은 소비 덩어리들이 분명 있을 것이다.

가정을 꾸렸거나 아이가 있는 경우라면 아이를 위해 쓰고 있는 비용들이 온전히 그 가치를 다하고 있는지, 나의 욕심 때문에 과하게 지출하는 것은 아닌지도 생각해볼 수 있을 것이다. 옷장에 가득 찬 옷을 두고 입고 나갈 게 없다는 푸념 대신 혹시 내가 살이 쪄서 예전에 입던 옷이 맞지 않는 건지, 오래 입지 못할 잠깐 지나는 유행만 좇아 옷을 사는 버릇이 있지는 않은지 생각해보자.

단식에서 숙변을 내보내는 것처럼 경제 디톡스에서 중요한 것이 빚을 없애는 과정이다. 주택자금, 차 할부, 은행 대출 상품 등 어떤 형태로든 대출받고 있는 것이 있다면 최대한 빨리 원금을 상환해야 한다. 가만히 자고 일어나도 내 빚이 자생적으로 자라고 있다면 저금리 대출도 내 몸에서 독을 뿌리고 있는 숙변과 같은 것이다.

특히 변동금리로 대출받은 경우 이율이 갑자기 올라간다면 이자 부담이 상당히 증가할 수밖에 없다. 내가 감당하기 힘든 수준으로 넘어선다면 대출이 나의 경제 건강을 직접적으로 해치는 존재가 될 수밖에 없다. 몸에 있는 독으로 인해 우리에게 모든 종류의 질병이 생기고, 결국 암으로 이어질 수도 있지 않은가.

미국 부동산 거품으로 미국인들은 실질적인 수입이 늘지 않았어도 풍족하게 살 수 있었다. 주택담보 대출로 집을 사도 집값이 매번 올랐으니 말이다. 하지만 부동산 거품은 빚의 크기도 같이 늘렸다. 금리가 낮다면 부담 없지만, 금리는 언제 어떻게 올라갈지 모르는 일이다. 실제로 미국 FRB는 2004~2005년 연속으로 일곱 번이나 금리를 올렸다. 이렇다 보니 저금리 부동산 버블에 기대어 소비지향적으로 살았던 사람들의 가계는 휘청거릴 수밖에 없었다. 몸속에 숙변이 계속 자라고 있었는데 이를 밀어내지 못하니 점점 피부 트러블이 심해지고, 소화기관이 약해지고, 몸속에 독이 쌓여 병이 생긴 것과 다를 바 없다.

친구에게 "너는 빚이 있니?"라고 물어본 적이 있다. 빚이 없다는 대답이 돌아왔다. "그럼 휴대폰 약정은 없니?"라고 물어보니 있단다. 사실 대출이 전혀 없는 사람도 잘 생각해보면 매월 나가는 카드값, 휴대폰 할부 약정 또한 빚의 또 다른 형태라는 것을 알아야 한다. 카드 납부일은 내가 카드빚을 갚아야 하는 마지노선 같은 기간이고, 그 기간 전까지는 어쨌거나 이 또한 빚이다.

차를 팔고 커피를 줄이다

카드를 긁을 때는 인간이 상대적으로 현금을 지불할 때보다 뇌에서 전달되는 고통이 덜하다고 한다. 그러나 항상 한 달 동안 쌓인 카드값을 지출하고 나면, 현금이 부족해지는 끊임없는 악순환이 될 뿐이다. 물론 이렇게 세세한 것까지 챙기면서 살기에 우리는 너무 바쁘다. 줄거리가 가장 큰 것부터 과감하게 디톡스 작업에 들어가면 한결 돈의 흐름에 끼인 독소들이 정리된다는 것을 느낄 수 있을 것이다.

　나의 작은 경제 디톡스 사례 중 하나는 차를 판 것이다. 차를 굴리면서 들었던 재산세와 기름값, 보험료, 주차비 등이 내 생활비를 갉아먹는 큰 부분이었기 때문에 과감하게 팔게 되었다. 사실 창업 후에는 물건을 옮기거나 스튜디오 촬영을 나서거나 하는 일들이 많아져 차가 필요했다. 그러나 스튜디오 촬영은 한 달에 한 번 가는 정도였기 때문에 그 한 번을 위해 차를 갖고 있는 것이 불필요하다고 생각했다. 차를 끌고 다니다가 다시 '뚜벅이'가 될 때에는 불편함이 더 클 것이라고 생각했지만, 매달 부담스럽게 느끼던 차 운영비가 빠지고 나니 마음도, 지갑도 한결 가벼워졌다.

커피를 좋아해서 커피를 마시니 가끔은 용량이 초과되어 밤에 술을 마셔야 다시 잠이 드는 날이 종종 있었다. 아침에 커피, 점심에 커피, 그리고 밤에 커피 용량 과다로 잠 못 이루는 밤, 다음 날 아침 개운하지 못해 시작하는 모닝커피, 이렇게 악순환을 거듭하고 있었다. 커피를 쉽게 줄이지 못했던 것은 한 잔의 값이 내가 써도 되는 수준의 금액이고, 카페에 가거나, 커피를 내리거나 하는 행위들이 내게 활력을 준다고 생각했기 때문이다. 그리고 나는 이 정도 가격이라면 내게 마음껏 베풀어도 된다고 착각했다.

하지만 야금야금 나가는 커피값 또한 한 달 통계를 내보면 만만치 않은 수준이고, 인생을 통틀어 따져보면 해외여행을 통 크게 다녀올 만한 금액이었다. 담배를 끊지 못하는 사람들이 자신이 평생 피운 담배의 값을 환산하면 얼마라고 말하는 것처럼, 작은 돈이라도 규칙적으로 쓰는 부분이 있다면 곰곰 다시 생각해보아야 한다.

커피 마시는 횟수를 하루 2회에서 1회로 줄이고, 테이크아웃 커피전문점에서 마시는 커피 대신 직접 내려 마시는 커피로 갈아타면서 커피값이 확연히 줄었다. 횟수를 줄이거나 아침에만 마시겠다든가, 봉지 아메리카노 커피로 바꾼다거나 하는 작은 변화도 조금은 지갑 속 경제에 도움이 될 것이다.

직장에서 배운 경제

불규칙한 업무시간과 마감마다 야근이 잦은 잡지사 기자로 일하는 후배가 얼마 전 레몬 디톡스를 했는데 피부 트러블이 가셨다고 한다. 어떤 종류의 디톡스이든 경험하고 나면 내 몸이 얼마나 건강해질 수 있는지 알게 되고, 어느 부분이 고장 나 있었는지, 식습관에서 무엇이 문제였는지 선명하게 마주하게 된다. 경제 디톡스와 같이 쓸데없는 소비를 줄이고, 과중한 빚을 정리하고, 나쁜 패턴의 경제 습관을 바꾸게 된다면 좀 더 즐겁게 경제생활을 할 수 있다. 어차피 우리는 끊임없이 벌어야 하고 써야 하는데 이왕이면 더 건강하게 바꿔보면 어떨까?

랠프 로렌과 국장님

패션매거진 마케터로 일하던 회사의 광고팀 국장님은 아담한 키에 이탈리아 잡지에서 튀어나온 듯한 수트 맵시와 유쾌하고 호감을 높이는 대화로 거래처와 직원들, 상사에게 인기가 많았다.

잡지사여서 옷 입는 것에 대해서는 일반 회사보다 사뭇 자유로운 데다가, 대외 미팅이 많은 광고팀 남자 직원들은 특히 옷을 잘 입는 편이었지만, 회사에서 편집장들을 제외하고 가장 옷을 잘 입는 사람은 국장님이 아니었을까 싶다. 운동으로 다져진 다부진 근육과 중년의 나이에도 소화가 되는 과감한 색상의 수트들에 부토니에르, 행커치프, 컬러풀한 양말, 독특한 안경, 선글라스 등 모든 것에 개성이 묻어났고, 그래서인지 한 번 보면 절대 잊기 어려운 인상이었다. 그래서 유명 디자이너들의 과감한 수트와 코트, 액세서리들을 그가 하고 다니면 자연스럽게 홍보가 되곤 했다.

파리 패션위크 때에도 아시아에서 온 패션 피플로 많은 파파라 치들의 피사체가 되었으니, 그의 패션 센스는 객관적으로 인증이 된 듯하다.

잡지사 에디터라면 항상 완벽한 옷과 구두를 신고 사무실을 또 각거리면서 걸어 다닐 것이라고 생각하는 사람이 많다. 영화나 드라마에서 보이는 카리스마 뚝뚝 떨어지는 예민한 편집장과 화려한 옷들 속에 파묻힌 에디터들의 모습 때문에 더욱 그렇다. "정말 잡지 편집장은 '악마는 프라다를 입는다'에 나오는 주인공 같나요?"라고 내게 물어보는 사람들이 많았다.

실상은 전혀 다르다. 마감 일정에 맞춰 몇 날 며칠 밤을 새우면서 일한다. 화보 촬영에 인터뷰에 동분서주하고, 모든 촬영과 인터뷰를 마치고서는 밤을 새워 기사를 쓰고, 아트팀의 밤샘 편집 작업을 통해 비로소 책 한 권이 마감되기 때문에 사무실 풍경은 헐렁한 트레이닝복과 화장기 없는 얼굴, 슬리퍼, 탕비실에 쌓여 있는 배달 음식통들로 꾸며질 때가 더 많다. 물론 외부 행사가 있거나 마감이 아닌 기간에는 갈고 닦은 패션 실력을 발휘하지만, 체력전으로 가야 할 때는 몸에 붙지 않는 편안한 옷과 발이 편한 신발이 최고의 패션이다.

국장님은 평범한 영업팀 직장인으로 시작했지만, 사람에 대한 관심과 적극적인 친화력으로 패션, 뷰티 브랜드, 관련 대기업, 패션 디자이너, 연예인 등 지금은 그의 소개를 거쳐 많은 일들이 진행될 만큼 폭 넓은 인맥을 가지고 있다. 인맥이 넓은 만큼 퇴근 후 참석해야 하는 모임이나 행사도 많고, 주말엔 교회 성가대 활동 등 가족들을 위해 온전히 시간을 쓰느라 늘 수면시간이 모자랄 만큼 바쁜 편이었다. 그럼에도 매일 아침 7시까지 회사에 있는 직원용 피트니스 센터에 출근 도장을 찍고 운동으로 하루 일과를 시작했다. 전날 늦게까지 이어지는 술자리가 있어도, 감기로 몸이 좋지 않아도 운동은 거르지 않았다.

한번은 국장님과 뉴욕 패션위크와 트레이드쇼에 출장을 간 적이 있었다. 국장님을 가까이에서 모시면서 그의 생활 습관을 더 관찰할 수 있었다. 서울과 뉴욕은 시차가 있어 적응하기 어려운 데다가, 허리 디스크가 있어 장시간 비행이 부담스러웠을 텐데 다음 날 아침 호텔 피트니스 센터에서 만난 국장님은 한 시간 동안 느린 속도로 시작해서 조금씩 속도를 올려가며 달리기를 하고 있었다.

아침식사는 야채와 과일 위주로, 커피보다는 차를 더 즐겨 하셨다. 거나한 저녁식사나 술자리에서는 대화를 이끌어가고 상대방 이야기에 리액션을 크게 하느라 많이 드시지 못했다. 대신 물을 자주 마시고, 상대방 나이가 많건 적건 먼저 말을 걸고 눈을 맞추고 농담을 던지며 칭찬과 관심을 보내주었다. 방송에서 패널들이 리액션을 하는 것만큼이나 호탕한 호응은 아랫사람이 먼저 편하게 다가갈 수 있게 해주었다. 자주 웃고, 시원하게 웃는 편이라 같이 보는 사람도 스트레스가 풀릴 만큼 유쾌해진다.

물론 같은 마케팅팀 남자 직원들은 아주 엄한 잣대로 이끄셨다. 그가 팀원들에게 한결같이 강조하는 것은 매일 아침 시작하는 운동과 아침 회의, 그리고 비싼 옷을 입지 않아도 깔끔하고 개성 넘치게 보이는 패션 센스였다. 건강하고 자신을 돌볼 줄 아는 사람만이 스스로 매력을 낼 수 있고, 건강해야 정신적인 업무 스트레스를 이겨내고 매일 소리 없는 광고 매출 전쟁터에서 오랫동안 살아남을 수 있다는 것이다. 하지만 유독 영어에 자신감이 없어 해외 행사나 파티에 참석하게 되면 부담을 느끼시곤 했다.

한 번은 영국 향수 브랜드 초청으로 영국에 가게 되셨다. 출국하기 전 미리 외국인에게 말을 건네고, 자신을 소개하고, 상대방에게 질문하는 문장들을 연습하는 모습이 참 멋있어 보였다. 늦은 나이지만 이제는 미국 어학연수도 다녀오면서 영어에 대한 두려움이 없어지고 점점 소통으로 재미를 느끼고 계신 듯하다. 처음 외국인을 통역 없이 혼자 대해야 했던 그의 염려와 달리, 나의 예상대로 그는 특유의 유쾌한 제스처와 웃음으로 외국인들과 소통을 시작했고 요즘은 페이스북에 어맨다 사이프리드 등 유명 할리우드 배우나 모델들과 함께 찍은 사진들이 올라오고 있다.

악으로 깡으로 일하지 말라

뉴욕 패션위크 첫 일정으로 우리는 랠프 로렌 쇼에 참석했다. 미리 준비된 VIP 티켓으로 랠프 로렌 쇼를 지켜봤다. 화려한 이브닝드레스를 입은 모델들의 20분간의 짧은 쇼가 끝나자 당시 80에 가까웠던 백발의 랠프 로렌과 가족들이 나와서 답례 인사를 했다. 관객들이 모두 일어나 백발이 성성하지만 아직도 건재한 디자이너에게 박수를 보냈다.

미국 상류사회 스타일을 만들어냈고, 전 세계적으로 폭발적 인기를 구가하고 있는 폴로 브랜드의 창시자 랠프 로렌은 사실 브룩스 브러더스라는 브랜드의 평범한 점원이었다. 그는 가난한 유대인 미국 이민자 가정에서 태어나 혼자서 맨땅에 의류사업을 시작했다. 옷가게 직원으로 일하면서 자연스럽게 자신의 감각과 재능을 알게 되고 넥타이 브랜드 폴로를 만들면서 지금의 랠프 로렌이라는 걸출한 디자이너가 나왔다. 브룩스 브러더스가 협찬했던 영화 '위대한 개츠비'를 보면, 랠프 로렌 역시 이 브랜드에 많은 영향을 받았고 케네디, 오바마 등 미국 대통령들이 즐겨 입는 상류층 클래식룩을 알 수 있다.

패션쇼 피날레에서 수줍게 걸어 나온 랠프 로렌은 귀여운 얼굴형에 멋있게 자리 잡은 백발이 온화한 몸짓과 잘 어울렸다. 힘 빠

직장에서 배운 경제

지고 배 나온 할아버지가 아니라 귀엽고 우아한 노년의 디자이너가 보여준 수트는 정말 멋있었다. 그가 만든 패션의 정수는 본인의 라이프스타일 그 자체였다.

나의 지인들 중에 잘나가는 30대 억대 연봉자들이 꽤 있다. 그런데 가끔 흉흉한 소리들이 건너건너 들리곤 한다. 갑자기 병원에 실려 갔는데 심한 병이 있다거나, 일을 그만두고 무조건 쉬어야 한다는 결과를 들었다거나, 갑상선암이 재발했다거나, 미혼인데 병원에 가보니 아이를 가질 수 없을 만큼 자궁에 문제가 있었다거나 하는 이야기를 심심치 않게 듣게 된다.

이들의 공통점은 회사에서 일하는 시간이 굉장히 길고, 빠른 성공 코스를 밟으며, 이 악물고 깡으로 외부 스트레스와 공격들을 이겨냈던 사람들이라는 것이다. 또래들보다 일을 더 많이 하고 어려운 일을 하는 대신 고액의 연봉을 받는다. 대신 가족과의 소박한 저녁식사의 여유 대신 주말에도 업무 스트레스에서 벗어나지 못하고 프로젝트 성과나 진급, 연봉 협상, 이직에 대한 과도한 압박을 받는다.

커피나 술이 그나마 하루의 스트레스를 풀어주는 유일한 출구이며 다른 회의실로 옮겨 다니는 시간 외에는 걷거나 운동할 시간도 없다. 평소 잠이 부족해 매일같이 피트니스 센터에 갈 여유도 없고 운전은 피곤하며 버스, 지하철을 타고 퇴근하기엔 하루

직장에서 배운 경제

가 너무 바쁘다. 폭탄주 회식에 일도 늦게 끝난다. 당연히 몸에서 신호를 보낼 수밖에 없지 않은가. 나 또한 잠시 그렇게 살았던 적이 있었기 때문에 그 생활을 길게 버텨낼 수 없었을 것이라는 것을 너무나 잘 안다.

어차피 직장생활이든 자유 경제생활이든 체력이 되어야 레이스에서 길게 뛸 수 있다. 몇 년만 돈을 벌 것이 아니지 않는가. 건강하게 생활하며 경제생활을 영위하고 싶다면 하루에 내가 운동을 얼마나 하며 내가 무엇을 먹는지, 얼마나 쉬는지에 대한 관심을 가질 필요가 있다.

랠프 로렌이 나이 여든에도 빛나는 패션쇼를 만들어내며 주목받는 이유는 오늘도 건강하게 일을 하고 있기 때문이다. 우리 역시 내일 당장 일을 그만둘 것이 아니라면 건강을 하루씩 쌓아나가야 한다. 하루 중 걷는 시간을 늘리고, 스트레칭도 하고, 운동 취미 한 개 정도는 만들어나가 보자. 우리에게 언젠가 식사 후에 커피를 마시는 습관이 생겼듯이 또 하나의 좋은 습관 하나 들여보면 어떨까.

외로움은 쇼핑 증폭 장치

20대 중반의 한 다리 건너 아는 지인이 있다. 그 친구는 열 마리에 가까운 고양이를 키우고 화장품을 사 모으는 취미가 있다. 학교 교육도 잘 받았고, 집안도 좋은 편이었고 고액 과외를 해서 수입도 괜찮은 편이다. 불쌍한 고양이를 입양해서 키우고, 화장품을 친구들에게 후하게 나눠주는 따뜻한 성품의 친구였다.

하지만 문제는 일반적인 수준을 넘어서는 고양이 입양과 사들이는 화장품 양이었다. 출시된 모든 화장품 신상을 사야 하는 성격에 혼자서 다 쓸 수 없을 정도의 양이라 주변사람들에게도 잔뜩 소포로 보내주곤 하였는데, 그 소포를 열어 보니 고양이의 털들도 다량 들어 있었다고 한다. 얼마나 고양이와 화장품이 많은지 짐작이 갔다.

나 또한 고양이와 강아지를 무척 좋아하는 사람으로서 고양이

직장에서 배운 경제

를 키우는 마음은 이해가 간다. 나도 고양이를 키울 때 내 침대에 누워 그르렁거리는 고양이의 규칙적인 숨소리를 들으며 안정감을 느끼곤 했다. 하지만 조심스럽게 의문이 들었다. 혼자 살면서 감당이 안 될 정도로 열 마리에 달하는 고양이를 입양하고 비싼 화장품 쇼핑에 과하게 빠지는 것이 일반적인 것 같진 않았기 때문이다. 정확한 이유는 알 수 없지만 외로움이라는 요인이 있지 않았을까 조심스럽게 생각해본다.

오늘날 집안에서 쇼핑 가장이 되어버린 여성들은 자신을 위한 제품뿐만 아니라 전자제품, 자동차, 남성 의류, 조카 유모차 등 다른 사람의 제품까지 두루 구매하고 있다. 때문에 마케팅, 심리학, 쇼핑 컨설팅 회사의 집중 관찰 대상은 여성이라고 한다. 여성이 쇼핑의 주권을 더 많이 가지고 있기 때문이기도 하고, 한편으로는 여성이 화려한 마케팅 유혹에 더 약하기 때문에 마케터들은 더욱더 여성의 심리와 뇌 구조에서 무엇이 여자들의 지갑을 열게 만드는지 연구할 수밖에 없다는 것이다.

〈시카고 저널〉에 실린 릭 피터스 교수의 논문 '외로움과 쇼핑의 덫'을 보면, 쇼핑의 이유에는 많은 것이 있겠지만 외로움이라는 요소가 크게 작용하고 있다고 한다. 소속감은 인간의 기본적인 욕구다. 하지만 소속되어 있다는 느낌을 받지 못하거나 누군가로부터 배제되는 느낌을 느끼면 대체할 만한 것을 자연스럽게 찾게 된다는 것이다. 쇼핑이야말로 상대적으로 쉬운 방법으로 감정을 보상받을 수 있고, 사람과의 관계를 회복하기 위해 들이는 노력보다 즉각적이고 손쉬운 해결책이 될 수도 있다. 그러나 심리학자 필립 셰이버의 애착이론에 따르면 물질적인 대체물은 즉각적이지만 일시적이며 온전하지 못한 만족감을 주기 때문에 사람들이 계속적으로 반복해서 물질에 의지하게 만든다고 한다.

EBS에서 방영한 다큐멘터리 '소비는 감정이다' 편에서 쇼핑은 합리적인 의식 상태가 아닌 빙산의 아랫부분과 같이 아주 큰 영역의 무의식이 컨트롤하는 무의식적인 결정으로 이뤄진다고 한다. 뇌에서 감정을 관할하는 편도라는 부분이 쇼핑을 할 때 활성화되는 부분인데, 이 편도가 움직일 때 사람들은 무의식적으로 구매 결정을 내린다는 것이다.

신경과학과 마케팅을 접목한 뉴로마케팅에서도 이 구매 버튼을 관장하는 무의식을 자극하기 위해 수많은 시도를 하고 있다. 이러한 연구를 바탕으로 우리가 매일 찾는 마트나 백화점, 로드숍의 모든 곳에는 시각뿐 아니라 청각, 후각, 촉각, 미각을 총동원하고 특별한 경험을 만들어 뇌 속의 구매 버튼을 누르도록 유혹의 덫을 잔뜩 깔아놓고 우리가 걸려들기를 시험한다.

물질이 삶을 위로할 수 있다면 세상 외로운 이 없으리

애인과 헤어지고 난 후, 부부 싸움을 하고 난 후, 회사에서 소외감을 느낄 때, 취업이 잘 되지 않아 불안할 때, 이성과의 교제가 잘 되지 않을 때, 남편이나 아내, 남자친구나 여자친구에게 충분한 사랑을 느끼지 못할 때 평소보다 과한 쇼핑을 했던 기억이 있는가?

사업하는 친구 중 한 명은 와이프와 한 달간의 짧디짧은 결혼 생활을 이혼으로 마무리한 후 차를 바꿨다. 유명한 외제차이고 노란색 스포츠카라 어딜 가든 눈에 뜨일 수밖에 없었다. 왜 그 친구는 이혼 후 차를 바꿨을까? 그것도 아주 화려하고 비싼 차로 바꾸었는지 궁금해서 물어보았더니 자기 자신을 위해서 무언가를 해주고 싶었단다. 아마도 이혼 과정에서 겪었던 스트레스와 공허함을 화려한 차로 위로받고 싶지 않았을까 싶다.

마음이 충만할 때에는 어느 정도 필요한 것, 또는 평균을 상회한 정도의 일회성 쇼핑을 할 수 있다. 하지만 외로움이 채워지지 않을 때에는 먹어도 먹어도 배가 고픈 것처럼 더욱더 쇼핑에 빠져든다. 물론 내게도 이런 경험은 너무 많다. 자신감이 떨어질 때 물건으로 나를 보완하고 사람들의 주목과 인정을 끌어내려 했던 기억, 실연하고 난 다음 폭풍같이 미용실과 백화점에 달려가 내게 쏟아부었던 돈들. 외로움을 이겨내기 위한 나름의 처방전이었으리라.

금융감독원에서 밝힌 과소비지수가 있다. 상황에 따라 다 맞는 것은 아니겠지만 대략의 바로미터는 될 수 있다. 월평균 수입에서 월평균 저축액을 뺀 것을 월평균 수입으로 나눠서 0.6이면 적정 소비, 그 이상이면 과소비, 1은 재정 파탄 단계라고 한다.

가령 월평균 수입이 200만 원이고 저축을 70만 원 한다고 가정하고 계산을 해보면 다음과 같다. (200만 원 − 70만 원)÷200만 원=0.65. 이 경우는 약간의 과소비를 하고 있다고 보면 된다. 물론 생활비에 비해 수입이 적다면 이 논리에 맞출 수는 없다. 저축을 할 수 없을 만큼 재정 여유가 없는 사람들도 많기 때문이다. 그러나 일정한 월급이나 수입이 있다면 이 공식에 자신의 수입과 지출을 넣어 계산해보면 좋겠다.

과소비지수＝(월평균 수입 - 월평균 저축)÷월평균 수입
1: 과소비지수, 재정적 파탄
0.7: 과소비 상태
0.6: 적정 소비
0.5: 근검절약형

함께 돈을 쓰면 과소비가 두렵지 않다

평소 근검절약하는 친구가 있다. 워킹맘이다 보니 따로 시간을
내어 취미활동할 시간도 없다. 칼퇴근하고 집으로 곧장 달려가
아이를 정신없이 돌보다 아침에 출근하는 일상을 반복한다. 이렇
다 보니 육아와 업무 스트레스를 달랠 시간이 없어서 유일하게
하는 것이 남은 점심시간 30분을 이용해 회사 근처 명동 옷가게
에 들러 옷을 사는 것이다. 알뜰한 편이라 남들이 봤을 때 과한 금
액을 쓰지는 않지만 친구 나름에선 불필요하게 많은 옷들을 스트
레스 해소를 위해 사고 있었다.

친구의 말에 따르면 계획적인 소비를 할 때는 가격과 디자인,
성능, 브랜드, 세일 정보 등을 모두 따지고 꼼꼼히 구매하는 편이
지만, 충동적으로 사게 될 때에는 빨리 결정해야 하므로 나중에

직장에서 배운 경제

딱히 입을 만한 옷들이 없다는 것이다. 촉박한 점심시간이기 때문에 가격 또한 비교해서 사는 것이 아니라 꽂히면 얼른 사야 해서 상대적으로 비싼 가격에 집어 오는 옷들도 많다고 한다.

자칫하면 쇼핑 중독의 형태로까지 발전할 수도 있다. 홈쇼핑 채널을 켜놓고 하루 종일 물건을 사며, 내 물건만 산 것이 아니라 가족 모두를 위해 저렴한 물건을 산 것이니 괜찮다고 생각하는 주부들이 많다. 남궁기 세브란스병원 정신과 교수는 홈쇼핑이나 소셜커머스에서 나타나는 공동의존현상을 경계해야 한다고 꼬집는다. 나만 산 것도 아니고, 남들도 다 이런 정도는 쓴다는 생각이 위험하다는 것이다.

친구들이나 또래 집단에서 가끔 쇼핑 배틀이 붙을 때가 있다. 난 이거 얼마 주고 샀어, 우리 이거 같이 살까, 여기서 이 제품이 아주 유명하대, 오늘 여기서 세일한대 등의 정보 교류는 공동 쇼핑으로 이어지곤 한다. 친구나 또래 집단과 함께 일정 수준 이상의 쇼핑을 할 때에는 죄의식도 덜해지곤 한다.

적절한 쇼핑은 분명 꼭 필요하고 나를 돋보이게 하는 활력을 더해줄 것이다. 그러나 맹목적으로 빠지지 않기 위해서는 자존감과 자신감을 회복하는 것이 급선무다. 좀처럼 소비가 줄어들지 않는다면 요즘 왜 쇼핑에 빠져들까 곰곰 생각해보면 좋겠다. 그 이유가 만약 위에서 말한 외로움 때문이거나 남들에게 인정받기

위한 감정 때문이라면 다른 방법으로 그 감정을 보상받을 수 있
는 길을 찾는 것이 현명하다.

직장에서 배운 경제

자존감,
어느 직장 상사의 생일파티

내가 평소 좋아하는 말이며 내게도 꼭 필요한 말이 있다. 자존감이라는 단어다. 자존自尊에서 '존'은 높다, 높이다, 공경하다의 뜻이다. 영어로는 셀프에스팀self-esteem이라고 하는데, esteem의 뜻 또한 대단한 존경, 공경을 의미한다. 스스로를 높이 칭찬하고 존중할 수 있는 마음가짐이 자존감인 것이다.

자존감의 반대말은 열등감이 아닐까 생각한다. 백화점 매장에 들어섰을 때 물건을 살 손님과 사지 못할 손님을 한눈에 파악해 약간 다른 태도를 취하는 점원들이 있다. 손님이 옷만 보고 싶다면 말을 시키지 않는 것이 서로 편할 때가 있다. 어쩌면 점원으로서는 별 뜻 없이 하는 행동이다. 그러나 받아들이는 사람이 예민하다면 그런 눈빛에 자신이 무시받는다고 느낄 수 있다. 단순히 시간이 남아 어떤 것이 있나 옷가게에 들렀다가 안 살 손님에 대한 무시하는 듯한 눈빛이 싫어서, 갑자기 오기로 카드를 긁고 왔다는 경우는 사실 자존감이 낮기 때문이라고 할 수 있다.

자존감이 낮은 사람은 남의 시선을 의식한다. 그렇기에 남의 판단에 좌지우지되며 본인이 내린 결정에 대해 확신이 떨어진다. 한 번쯤은 남들에게 인정받고 싶어서 또는 무시당하고 싶지 않아서 식사를 계산한다든지 쓰지 않아도 될 돈을 써본 적이 있었을 것이다. 아마 그날 유독 자존심이 위축된 일이 있었을 것이다. 반대로 자존감이 굉장히 높아 보이지만 사실 낮은 자존감을 들키지 않기 위해 더욱더 과한 자존감으로 포장하는 경우도 많다. 자칫 잘못하면 오만이 되고, 남에게 피해를 주는 안하무인이 되는 것이다.

홍보대행사에 다니는 친구에게 이런 일이 있었다. 싱글 여성인 대표이사 생일이 되어 간단한 생일파티를 하고 축하 노래를 불러 줘야 했다. 그런데 그게 싫어서 많은 직원들이 그날 오후 반차를 썼다고 한다. 몇몇은 일부러 외근을 잡아 나가는 바람에 결국 사무실에 달랑 세 명만 남아 생일 축하를 해야 했다. 케이크에 촛불을 켜고 노래를 불러주는데 차마 "사랑하는 ~~의" 부분에서 입이 떨어지지 않았다고 한다. 그래서 "으으으으~ 대표님의……" 하고 대충 얼버무리며 생일 축하 노래를 간신히 마무리했단다.

눈치 없는 대표는 오늘따라 사람이 왜 이렇게 없냐며 볼멘소리를 하면서도 생일파티를 즐거워하며 잘 넘어갔다고 한다. 사실 이렇게까지 하는 건 지극히 소심한 복수이지만, 왜 그렇게도 생일 노래 하나 불러주기도 싫었을까 이야기를 들어보니 이해가 갔다. 대표는 평소 사치와 허영이 가득하고 쇼핑 중독에 가까운 수준이라 1,000만 원에 달하는 퍼, 재킷, 구스다운 패딩 같은 옷들을 자주 사 입으며 자랑한다고 한다. 그건 개인의 취향이라 치자. 그런데 직원들의 일에 대한 평가나 마음 씀씀이, 실적에 따른 보상, 사람에 대한 예의 등 모든 것이 인색한지라 직원들에게 미움을 산다고 한다.

나는 너무 잘나고 완벽한 사람이라는 둥, 유명인은 다 나의 지인이라는 둥, 비싼 시계, 옷, 구두, 가방을 구입했다는 등의 자랑을 하면 직급상 아랫사람들은 일방적으로 들어줄 수밖에 없다. 누가 행여 바른 소리를 해도 이미 그 사람 귀에는 제대로 들리지도 않는다. 물론 직원들의 업무나 진로에 대한 고민을 들어줄 마음도 없다고 한다.

그런데 전체적인 그 사람의 이야기를 들어보면 오히려 불쌍할 만큼 외로운 사람이 아닌가 싶다. 그래서 그 외로움이 낮은 자존감을 만들고, 외로움에서 벗어나기 위해 더 센 척 연기를 하고, 과도한 쇼핑과 허영을 떨고 심지어 자기와 함께 일하는 직원들에게도 격려와 따뜻한 말 한마디 건넬 마음의 여유가 없는 것이다.

남이 잘되면 내가 작아질까 두려운 마음

다른 사람을 인정하기 위해서는 스스로에게도 자신감과 자존감이 있어야 한다. 자존감이 없는 사람의 경우 내가 어떤 사람을 칭찬하고 인정하는 순간 스스로가 작아질 것을 두려워한다. 그 두려움이 과도하게 커지면 열등감으로 드러나 상대방을 무시하고, 깔보고, 깎아내리는 것으로 이어지게 된다. 이런 현상은 가끔 뉴스에서 인상을 찌푸리게 하는 사회 기득권층의 '슈퍼 갑질' 사건들과도 비슷하다.

반대로 나의 동창 중에 아주 검소하고 소탈한 일상을 사는 친구가 있다. 외적인 것보다 책을 읽거나 취미를 찾아 배우는 것, 인문학적 이슈에 관심이 많았던 친구는 한창 꾸미고 다닐 나이에도 화장기 없이 청바지에 소탈한 옷으로 났다. 문학부터 미술, 철학, 과학까지 다양한 주제를 넘나드는 해박한 지식을 갖고 있는 친구와 주변의 재미있고 똑똑한 사람들의 이야기, 그리고 몇 년간 자신이 무엇을 깊이 공부하고 싶은지에 대한 고민 등을 나누다 보면 심심하지만 건강한 밥 한 끼를 먹은 것처럼 뒤끝 없이 개운하게 배가 부른 느낌이었다.

당연히 화장기 없는 친구의 얼굴은 늘 빛이 나 있었고, 실제로 피부도 건강도 아주 좋은 편이었다. 건강한 자신감과 내면의 힘을

갖고 있었기 때문에, 회사라는 무한 경쟁 사회에서 들이대는 잣대들 속에서 고고하고 평온하게 자신의 뜻을 묵묵히 지켜나갈 수 있었다. 쇼핑에 힘을 쓰지 않아서인지 10년 이상 직장생활을 하면서 차곡차곡 저축했고, 그 돈으로 향후 몇 년간 편히 공부할 수 있는 자금을 만들었다. 지금은 연락이 뜸해진 그 친구는 아마도 지구 어느 나라에서 한 분야를 깊이 탐닉하고 있을 것이다. 나중에 다시 연락이 닿을 때 어떤 모습이 되었을지 매우 궁금하다.

'자존감을 높이려면 어떻게 해야 할까?' 고민해본다. 우선 자기 자신을 정확하게 아는 것이 필요하다. 있는 그대로를 이해하고 받아들여야 하는데, 그것을 부정하면 그때부터 꼬이기 시작한다. 현실을 감춰야 하고, 과한 반응으로 거부해야 하므로 건강한 자신감을 가질 수 없기 때문이다. 반대로 자신의 모습을 있는 그대로 인정하는 순간 모든 것은 편해지고 자신감이 붙는다.

사람은 누구나 장점도 단점도 있다. 남들과 다른 나만의 장점을 찾아본다면 자존감이 생기기 시작한다. 친구의 고민 상담을 잘 해준다거나, 그림 하나는 독특하게 그린다든가, 어릴 때 부모님이 헤어지셨지만 오히려 더 빨리 결혼하여 행복한 가정을 꾸려간다거나, 돈은 없지만 몸 하나는 정말 건강하다든가 누구나 한 가지 장점을 뽑을 수 있을 것이다.

닉 우스터는 미국에서 유명한 패션 피플이며 한국에서도 꽃중

년으로 유명하다. 닉 우스터는 키가 167센티미터 정도로 큰 편이 아니다. 패션 일을 하고 있어 옷맵시가 중요한데 키를 콤플렉스로 여긴다면 끝이 없었을 것이다.

닉 우스터는 대신 운동을 열심히 해서 건강한 근육질 몸매를 만들었다. 팔뚝에 멋진 문신을 새기고, 작은 키에 맞는 패션 스타일링을 연구하고, 매일 소품 하나하나 정성들여 스타일링해 길을 걸어갈 때마다, 길거리 벤치에서 담배를 피울 때마다 파파라치들의 카메라에 담기는 유명한 패션 피플이 되었다. 닉 우스터는 키에 대한 콤플렉스가 없어 깔창을 깔지 않는다. 오히려 키 작은 사람들은 입기 꺼려하는 반바지를 입고 세미 정장을 맞춰 입는다거나, 바짓단을 접고 강한 색상의 양말에 포인트를 주는 등 이제는 존재 자체가 하나의 스타일링이 되었다.

한때 나의 열등감은 연애를 잘 못한다는 것이었다. 열등감 극복을 위해 끊임없이 연애를 하려고 노력하던 때가 있었다. 그래서 연애를 하고 헤어짐과 동시에 바로 다른 사람을 만난 적도 있었다. 남자친구가 없는 싱글 상태를 받아들이지 못했기 때문이다. 이제는 종종 독신이냐는 질문을 듣게 되면 난 결혼을 안 한 게 아니라 아직 못한 거라고 대답한다. 사실이기도 하지만 이제 스스로에게 어느 정도 자신감이 있기 때문에 솔직하게 말할 수 있는 것이다. 그러나 나의 가치를 알지 못했을 때에는 끊임없는 소개팅과 연애에 대한 강박관념으로 나 자신을 힘들게 한 적도 있다.

모든 옷을 내가 입을 필요는 없다. 내 몸에 맞는 코트 한 벌 있다면 겨우내 요긴하게 입을 수 있다. 이 옷도 저 옷도 내게 잘 맞지 않을 때 우리는 많은 옷들을 사게 된다. 창업 후 옷을 한 벌도 사지 못했다. 나도 한때는 꾸미고 치장하는 것을 좋아했다. 지금도 여전히 관심이 있지만 더 중요한 곳에 집중하다 보니 옷, 신발, 가방 사는 일이 대폭 줄었다. 예전엔 옷장과 신발장이 넘쳐도 항상 부족했는데, 지금은 딱 입을 옷과 신을 것만 남겨두고 다 버렸다. 하지만 단출한 구성에서 부족함 없이 잘 입고 잘 신고 다닌다.

CEO가 되었고 라이프스타일을 끌고 가야 하는 직군으로 전환하고 나서 오히려 옷을 사는 횟수가 줄어들었다니 역설적이다. 대신 어떻게 하면 내면이 깊어질 수 있을까, 행복해질 수 있을까, 어떤 라이프스타일을 만들어갈까, 어떤 가치관의 사람을 만나면 내가 행복해질까 하는 고민이 더 크다. 앞서 말한 욕심 많은 대표처럼 늙어가지 않기 위해 자신의 내면에 솔직해지고, 남들을 마음껏 칭찬해주고, 내가 가진 작은 재주들을 남을 위해 쓸 수 있다면 좋겠다. 나이가 들어도 사람들이 나를 찾아와 차 한잔 마시고 가주면 좋겠다.

직장에서 배운 경제

전세 생활자가 알아야 할
넓고 얕은 지식

국적이 다른 대학원 친구들과 이야기를 하다가, 우리 동네(나라) 집값이 비싸다는 주제로 논쟁이 붙었다. 표면적으로는 "우리 동네는 집값이 비싸서 살기 힘들어"였지만, 잘사는 동네라는 것을 자랑이라도 하고 싶은 것이었을까. 상하이 집값이 천정부지로 뛰어올라 상하이니즈(상하이 사람들을 일컫는 말인데, 이 말 자체에 중국 사람들의 콧대 높은 뉘앙스가 풍긴다)인 동기가 상하이 집값이 너무 비싸다고 불을 지폈다.

집값 하면 한국 대표인 내가 질 수 없어서 작은 평수 아파트도 전세가 몇 억이라고 말하려 했다. 그런데 전세를 영어로 뭐라고 해야 할지 몰라 막혀버렸다. 보증금과는 다른 개념인데, 이걸 뭐라 불러야 할지 생각나지 않았다. 그래서 길게 풀어서 설명하고 결론은 한국이나 상하이 집값에 비하면 미국은 살기 좋은 동네라는 것으로 냈다. 집값이 비싸다고 내가 잘사는 것도 아니고 그저 땅덩어리가 작고 집 가지는 것이 큰 목표인 나라에 사는 사람일 뿐인데 거품 잔뜩 낀 집값이 마치 국민소득이라도 되는 것마냥 떠들었던 것이 부끄러워진다.

월세는 영어로 먼슬리 렌트monthly rent, 보증금은 디파짓deposit이라고 하지만, 전세라는 말은 외국에서는 쓰지 않는다. 전세는 영어로 jeonse 또는 jeonsei라고 한다. 전세를 한국 발음 대로 표기하는 것은 한국에만 있는 개념이 확실하다는 증거라고 해두자. 전세 개념을 키머니key money로 번역하기도한다. 외국인들의 이해를 돕기 위해 전세라는 개념을 여러 방법으로 설명하는데 그 중 키머니라는 개념을 빨리 이해한다고 한다.

한국에 관심을 갖고 있는 외국인을 대상으로, 한국 문화와 즐길 거리들을 소개하는 미국 교포 키이스 씨가 운영하는 블로그 (seoulistic.com)에는 친절하게 한국형 전세와 월세, 사글세에 대한 영어 설명이 있다. 혼자 살거나 업무와 주거를 겸하는 것으로 오피스와 호텔의 한국형 합성어 오피스텔이라는 소개와 더불어, 정말 딱 옷장closet 사이즈만 하다는 고시원에 대한 정보도 함께 설명하고 있다. 정말 슬프다. 우리는 왜 이렇게 쓸데없이 비싼 집값을 내며 넓은 집에서 제대로 누리지 못하는지. 고시원을 옷장이라고 설명한 부분은 읽다 눈물이 날 뻔했다.

미국에서 살았을 때 좋았던 점은 생활비였다. 물론 등록금은 2년치가 1억 원에 육박했지만, 한국과 같은 생활비로 한국에서 사는 것보다 훨씬 더 풍족하고 여유로운 삶을 즐길 수 있었다. 넓은 빌라형 아파트들도 한국의 오피스텔 수준 월세를 내고 살 수 있었으니까 말이다. 물론 뉴욕의 경우는 예외지만, 뉴욕을 제외하고 비교적 집값이 괜찮은 편이었다. 그리고 전세 개념이 없었기에 모두 월세였다.

부모 세대와 부동산 룰이 달라진다

언젠가 전세, 월세에 대한 신문 칼럼에 달린 댓글을 본 적이 있다. 전세와 월세 중 어느 쪽이 세입자에게 유리한지에 대해 분석한 기사였다. 사람들의 댓글을 보고 웃음이 났다. 코웃음 치는 투로 "돈 있으면 전세, 없으면 월세지", "월세로 살아보긴 하셨나" 하는 반응이었다. 맞는 말이다. 월세는 부담스럽다.

한국만의 독특한 제도인 전세의 원형은 고려시대 때 찾을 수 있다고 한다. 전당典當이라는 금전을 주고 전답(땅)을 빌리는 제도였다고 하는데, 지금의 형태와 가장 비슷한 전세제도는 조선시대 말부터 있었다고 한다. 1876년 병자수호조약 이후 부산, 인천 등에 항구가 열리고 인구가 몰리면서 지금의 전세제도와 비슷한 형태가 시작되었다고 한다. 그리고 1960년대 산업화가 본격화되면서 지방에서 서울로 몰려든 사람들의 신원보증용으로 집주인과 집을 구하는 사람의 이해관계가 맞아떨어지는 전세가 급증하게 되었다고 한다.

그렇다면 왜 한국에만 전세 개념이 있을까? 그것은 바로 금리와 부동산 경기와 관련 있다. 외국은 이미 이자가 낮아 집주인 입장에서는 목돈을 받고 재투자해서 얻는 이자 수익도 적으며, 나중에 되돌려주려면 실질적으로 손해가 되기 때문에 전세 개념이 필요 없었다. 그러나 고금리와 고성장을 달려온 한국은 부동산 경기의 고공행진과 맞물려 전세금으로 부동산 재투자가 가능했다. 또 고금리로 이자 등의 예금 수익을 낼 수 있었기 때문에 목돈의 가치는 유용했다. 전세가 집주인에게 유리한 제도였던 것이다.

세입자 입장에서도 전세는 좋은 제도였다. 목돈을 내고 평균 2년 정도 살면서 매달 월세를 내지 않는 데다 나중에 그대로(물론 기회비용은 발생하겠지만) 돌려받는다는 장점이 있기 때문이다. 집을 사고 싶어 하는 사람에게도 전세는 좋은 제도였다. 100퍼센트 자금이 준비되지 않았지만, 집을 50퍼센트라도 내 돈으로 사고 싶어 하는 사람은 전세를 끼고 구입할 수 있기 때문이다. 전세를 낀다는 말은 집주인이 거주하는 것이 아니라 집에 거주하는 사람이 따로 있어 그 세입자가 집주인에게 목돈의 전세금을 내면, 집주인은 그 돈으로 집을 사는 비용을 상당 부분 부담할 수 있는 것이다.

한국에서 조선시대부터 지금까지 전세제도를 유지할 수 있었던 것은 높은 금리와 부동산 상승, 이 두 가지가 계속 받쳐줬기 때문이다. 이 두 가지가 있었기에 집을 사려는 사람도 많았고, 세입자는 목돈을 내놓고 2년을 편안하게 지낼 수 있었으며, 집주인은 전세금을 받아 다른 투자처에서 수익을 낼 수 있었다.

이제는 전세에 대한 수요가 너무 과한 나머지 전셋값이 매매값에 육박하는 경우도 비일비재하다. 학군이 좋다는 특수 지역에는 전셋값이 매매값을 상회한다는 아이러니한 상황이 일어나기도 한다. 집값이 더 이상 오르지 않을 것이라는 심리도, 집 매매 수요가 떨어지는 것도 전세가를 부추기는 현상에 한몫 했다.

인구는 더 이상 증가하지 않고, 주택 보급률은 높아졌기 때문에 집 한 채를 마련하기 위해 일생을 바친 부모 세대와 다른 그림이 펼쳐지고 있는 것이다. 또 다른 변수는 낮아진 이자율이다. 더 이상 목돈을 받아 짭짤한 이자 수익을 기대하기가 어려워졌다.

세입자라면 알아야 할 전월세 전환율

그래서 탄생한 반전세라는 특수 개념 또한 한국의 전매특허제도
다. 양념 반, 프라이드 반을 시킬 때에는 반반이라고 말하면 되고,
짜장면과 짬뽕을 한 그릇에 동시에 먹고 싶을 때에는 짬짜면이라
고 말하면 된다. 전세와 월세 중간은 반전세다. 반전세 계산은 어
떻게 하는지 잠깐 짚고 넘어가보면 이렇다.

보아하니 은행 이자도 거의 없고, 전세를 받았다가는 오히려
손해일지도 모르니 차라리 따박따박 용돈처럼 꽂히는 월세를 받

겠다는 마음으로 집주인은 전세를 월세로 돌리려 결심한다. 목돈을 다 내주기엔 부담이 크고 원래 2억 원 전세 아파트였는데 옆집 전셋값 오른 것에 배가 아파 3,000만 원을 올리겠다는 생각으로 월세로 매달 30만 원을 달라고 하는 것이다. 세입자 입장에서는 비싸게 느껴질 것이다.

그런데 시세에 비해 얼마나 비싼 것인지 쉽게 가늠이 되지 않는다. 왜냐하면 예전에는 통상적으로 보증금 1,000만 원당 월세 10만 원에 준했으니 언뜻 보면 적절해 보이기도 하다. 하지만 막상 지갑에서 매달 30만 원씩 내려니 삥 뜯기는 묘한 기분은 또 무엇인가.

전세금은 만져본 적 없는 추상적인 목돈이었지만 월세는 현실이다. 당장 매달 생활비가 줄어든다. 그렇기에 세입자라면 전월세 전환율을 계산할 수 있어야 한다. '(월세액×12)÷보증금 차액 ×100'으로 계산해서 퍼센티지를 계산하면, 시세에 비해서 높은지 낮은지 알 수 있다. 앞의 경우에는 암산으로 간단히 되겠지만 '(300,000×12)÷30,000,000×100=12' 퍼센트로 계산된다.

전월세 전환율 표준은 한국감정원(전국 지역)에서 찾아보면 전국 도별, 분기별 전월세 전환율 표준자료가 나오며, 서울시가 운영하는 서울부동산정보광장에는 서울시 구별 전월세 전환율 실제 수치가 나온다. 지역별로 수요와 공급에 따라 큰 차이가 있으니, 해당하는 지역의 전환율을 보면 된다. 분기별로 발표되는 수치도 시와 구별로 차이가 있으며 또 다음 분기가 되면 변할 수 있음을 유념하길 바란다.

한국감정원이 2015년 3월 13일에 발표한 보도자료에 따르면 2015년 1분기 전국 주택 종합 전월세 평균 전환율은 7.7퍼센트였고 서울시는 6.8퍼센트였다. 7퍼센트를 기준으로 하면 12퍼센트라는 수치는 비싼 것이다. 올라간 전셋값 3,000만 원에 대한 7퍼센트는 210만 원이고, 이를 12개월로 나누면 월세는 17만 5,000원이 나오는 셈이다. 만약 올려달라는 30만 원이 시세에 비해 12만 5,000원이나 비싸다고 집주인에게 명백한 자료를 자신 있게 들이밀었지만, 집주인이 거절하면 어떻게 되는가? 다른 곳을 찾거나 월세를 중간에서 다시 잘 협의해야 한다. 시세라는 것은 참고일 뿐 모든 것은 파는 사람 마음이고, 사는 사람은 싫으면 안 사면 된다.

참고로 은행 이자율은 분명히 7퍼센트보다 낮다. 그런데 왜 전월세 전환율은 그보다 훨씬 상회할까? 통상적으로 은행 금리에 집주인이 월세를 떼일 가능성, 미납 리스크를 감안해 미납 리스크 프리미엄이 가산되기 때문이다. 시중 은행 금리보다는 어느 정도 높을 수밖에 없다.

여기서 간단한 계산을 하나 해보자. 나에게는 첫 책《서른셋 싱글 내집마련》의 모델이 되었던 서울시 노원구의 소형 아파트가 있었다. 가령 전세 1억 4,000만 원을 보증금 2,000만 원만 남겨 두고 월세로 전환한다고 해보자. 전세 가격이 1억 4,000만 원으로 고정된다고 생각하고 당시 노원구 전월세 전환율이 강남구나 집값이 높은 곳에 비해 약간 낮은 7퍼센트라고 가정하면 난 월세를 얼마를 받아야 할까?

1억 4,000만 원에서 2,000만 원 보증금을 뺀 차액, 1억 2,000만 원에 전월세 전환율 0.07을 곱하면 840만 원이 되며 이를 12개월로 나누면 70만 원이 나온다. 이렇게 하여 나는 월세 70만 원으로 전환하여 담보대출 이자를 제하고 남은 돈으로 고정적인 월세를 받을 수 있다.

양념 반, 프라이드 반과 같은 반전세의 경우도 이렇게 계산할 수 있다. 1억 원 전세 오피스텔이라고 가정할 경우, 보증금을 5,000만 원으로 하고 나머지 5,000만 원을 월세로 전환하면, 5,000만 원에 전환율 7퍼센트를 곱하면 350만 원이 나온다. 이를 12개월로 분할하면 월세 29만 원 남짓이 된다.

참고로 한국감정원의 보도자료에 따르면 서울시 주택 중에서도 아파트의 평균 전월세 전환율은 5.5퍼센트다. 전월세 전환율이 가장 높은 지역은 중랑구로 6.1퍼센트이며 가장 낮은 지역은 송파구로 4.6퍼센트다. 소형 아파트가 중형아파트에 비해 전환율이 높았으며, 강남이 강북보다 0.3퍼센트포인트 낮았다. 전월세 전환 거래가 많이 일어나는 지역일수록 전월세 전환율이 낮아지는 것으로 보인다. 앞서 설명했지만 전월세 전환 비율이 높으면 상대적으로 전세에 비해 월세 부담이 높다. 더 자세한 사항은 한국감정원 사이트(kab.co.kr)에 들어가서 '전월세 전환율'로 검색하면 수도권은 물론 지방까지 자세한 수치를 찾아볼 수 있다. 집을 찾는 사람이나 부동산 재계약을 앞둔 세입자라면 꼭 한번 검색해서 전환율을 알아보길 바란다.

다시 말하지만 전월세 전환율은 지역마다 다르고 이를 받아들이는 것은 집주인 마음이다. 그러나 부동산에서도 많은 집과 거래하기 때문에 주위 시세현황을 무시할 수는 없어 낮아지는 전월세 전환율을 어느 정도 따라가기는 한다. 그래서 전세 1,000만 원에 대한 월세가 10만 원이라는 단순한 계산은 이제 더 이상 정답이 아니라는 것만 유념하자.

집을 소유할 것인가, 월세를 내고 주어진 돈만큼 살 것인가는 각자의 선택이다. 라이프스타일이 변하고 있고, 세대의 인생관도 달라지고 있다. 급변하는 부동산 상황에 주의를 기울이며 각자 인생관에 맞게 현명하고 즐겁게 보금자리 사냥에 나서길 바란다.

직장에서 배운 경제

직장인의 삶이 막막한
당신에게

우리나라에서 제일 큰 스킨스쿠버 동호회를 이끌고 있는 직장인이 있었다. 중학생 아들을 둔 가장이기도 하며 본업은 컴퓨터 프로그래밍 관련 일이었지만, 일주일에 몇 번은 다이빙수트(해녀들이 입는 것 같은 까만색 잠수복)를 입는다. 동호회 회원들을 대상으로 다이빙 강습을 해주고, 주말마다 실내 잠수풀에서 강습을 진행하며, 휴가를 활용하여 사람들을 모아 해외 투어를 다녀오기 때문이다. 처음에는 가족과 함께하는 취미로 시작했지만 다이빙 자체의 매력에 깊이 빠져 지금은 일하는 시간만큼이나 많은 시간을 다이빙에 할애하고 있다.

평일 저녁 실내수영장에서 회원들을 무료로 가르치는 것은 직장 다니면서 할 수 있는 일이다. 하지만 짧게는 5일, 길게는 10일 정도의 일정으로 계절에 상관없이 정기적으로 떠나는 해외 투어를 이끌기에는 풀타임으로 일하는 본업과 병행할 수가 없었다. 그래서 그는 과감히 프리랜서로 전향했다. 본업과 다이빙 스케줄을 유연하게 조절할 수 있게 되었다. 가족 또한 그가 워낙 다이빙을 좋아하고, 몇 년이 지나면서는 취미가 부업처럼 제2의 직업이 될 수 있다는 것을 알게 되면서 그의 일탈을 말리지 않았다.

내가 이 스킨스쿠버 동호회와 인연을 맺게 된 것은 업무로 쌓인 정신적인 피로를 해소시킬 통로를 찾으면서였다. 당시 전략경영팀에서 일하며 일의 바다에 깊이 빠진 약 2년간의 시기가 있었다. 대학원 졸업 후 오랜만에 일을 시작하기도 했거니와 팀원 모두 일에 대한 욕심과 열정이 높았다. 팀워크나 리더십 전체가 내 직장생활 중 가장 이상적이었고 즐거운 열정의 기간이었다.

한 번은 인천에 있는 건설기계 R&D와 생산 관련 총체적인 개선이라는 장기 프로젝트를 위해 5~10명의 인원이 투입되어 일한 적이 있다. 건설기계 장비는 제품 개발 기간이 길고 비용도 많이 들기에 원가를 줄이고, 생산 효율을 높이면서 품질을 잡는 방안들을 짜낸다는 것이 쉽지만은 않았다. 평생 업계에 몸담으면서 일하신 베테랑 연구개발자와 생산·품질관리팀과 함께 머리를 맞대고 고민하며 혜안을 짜내는 프로젝트였다. 일의 효율을 위해 월요일 새벽 인천으로 출근하여 금요일 저녁까지 근처 숙소에서 머물며 일했다.

직장에서 배운 경제

중요한 보고와 회의를 앞둘 때는 새벽 2시까지 회의를 했다. 당시 그 프로젝트를 이끌던 상사는 호기심에 눈을 반짝이고 지칠 줄 모르는 대단한 일중독자였다. 늘 밤늦게까지 일하고 근처 호텔에서 잠깐 눈을 붙이고 난 후 아침 7시가 되면 식당에서 만나 간단한 아침을 먹고 사무실로 바로 출근하였는데, 그날 아침 팀장의 첫마디가 우리를 뜨악하게 만들었다.

"내가 밤새 생각해봤는데 말이야, 그 문제는 이렇게 접근하면 어떨까?"

분명 우리는 그날 새벽 2시까지 회의를 하고 각자 눈을 붙이고 나와 눈곱만 겨우 떼고 아침을 먹고 있었는데, 그는 밤 사이에 일 고민을 하고 있었던 것이다.

배우는 것도 많았지만 업무 강도가 높다 보니 저마다 스트레스 배출 통로를 찾아야 했다. 6개월의 인천 프로젝트가 끝나고, 서울 사무실로 돌아온 후 운동을 하고 싶었다. 사람과 교류하는 것을 좋아하던 나는 피트니스 센터에서 혼자 운동하는 것은 재미를 느끼지 못했고, 물에서 놀거나 수영하는 것을 좋아하는 편이라 친구따라 스킨스쿠버 동호회에 가입했다. 잠실수영장의 깊이 5미터 풀에서 장비 착용, 잠수, 유영 등 기본자세들을 배우고 이론 수업도 들었다. 주말에는 동해바다나 울릉도에 가서 입문자들이 실전에 적응할 수 있도록 스킨스쿠버 강사 자격증을 가진 사람들이 잘 이끌어주었다.

하지만 중이염을 앓은 적이 있던 나는 수심 깊은 곳에서의 압력을 이기지 못하고 중이염이 재발되어 두 번째 중이염 수술을 받고 스킨스쿠버를 그만두게 되었다. 내 건강을 해치면서까지 취미생활을 해나갈 수 없었다. 귀가 약했던 나는 스킨스쿠버를 할 수 없지만, 친구 부부를 포함하여 대부분 직장인인 그들은 지금도 짬짬이 휴가를 맞춰 팔라우 같은 곳에 해외 여행을 함께 다니며 잘 지내고 있다.

주중에 맞은 총상을 회복하는 시간

퇴직하는 시기는 빨라지고, 평생직장의 개념도 사라졌다. 평균수명이 늘어 40대 중반까지 회사생활을 성실하게 잘 마쳐도, 그후 새롭게 무슨 일을 해야 하나 막막할 수밖에 없다. 40대 중반까지 회사생활을 한 사람은 대부분 회사에 대한 열정과 일에 대한 성실함이 높았을 것이다.

모든 사람이 그렇다는 것은 아니지만 내 경험과 주위 사람들을 보면, 대부분 퇴근시간 후 개인 생활 안배보다는 회식이나 야근을 불사하며 열심히 평일을 보낸다. 주말에는 녹초가 된 몸을 달

직장에서 배운 경제

래며 잠깐 쉬고 월요일에 다시 시작되는 사무실 전쟁을 준비하는 마음으로 일요일은 외출을 하더라도 힘 빼지 않고 얼른 집에 들어온다. 9시 '개그 콘서트'를 보며 잠깐 웃다가 침대에 누워 내일부터 시작될 업무 풍경들을 머릿속에 떠올린다. 에잇! 왜 지금 일 걱정을 하나 싶어 얼른 머릿속 생각들을 지워버리고 눈을 질끈 감는다. 빨리 잠이 들어야 내일 늦잠을 안 잘 테니까, 오늘 컨디션 조절을 잘 해야 내일부터 또 열심히 뛸 수 있으니까.

드라마 '미생'을 보면서 우리나라 직장인들이 정규직과 비정규직, 고위직과 하위직을 막론하고 너무 대단하다는 생각을 다시금 했다. 출근해서 퇴근하기까지 책상에 앉아 있는 동안 하루에도 몇 번씩 총알과 화살이 날아들어 내 가슴을 관통하는가. 늘 일분일초, 소리 없는 전쟁에서 맞서 싸워야 하고, 직급과 갑을관계의 총체적인 관계를 고려하여 말 한마디 한마디를 만들어내야 하는 거의 예술에 가까운 일을 하고 있다.

드라마에서 보이는 입이 바짝 마르고 식은땀 흐르는 사무실의 긴장감은 너무나도 사실적이다. 계약직뿐 아니라 직급이 높은 임원과 팀장급 차·부장들에게도 짠한 마음이 드는 것은 그때까지 견디면서 얼마나 많은 총알과 칼을 막아내며 힘들게 그 자리에 올라섰을까 해서다. 물론 중간에 사라지는 보이지 않는 용사들도 함께 떠오른다.

직장에서 배운 경제

긴 전쟁에서 살아남기 위해서는 주말 하루만이라도 자기만의 취미를 가질 것을 권하고 싶다. 처음에는 스트레스 해소 차원의 순수한 취미면 충분하다. 그렇기 때문에 이 취미만큼은 내가 그냥 좋아하는 것을 고르길 바란다. 직업과 연계하지 말고 정말 좋아하는 기준으로만 순위를 매겨보자. 내가 좋아하는 짓거리를 퇴근 후 외도라고 생각하고 작게 시작해보자.

내가 아는 후배는 시라고 하기엔 본인도 부족하다 생각하지만 감성적인 글귀들을 끼적이는 것이 취미였다. 그 끼적임들이 우연찮게도 작사가 데뷔로 이끌었다. 요즘에는 카카오뮤직 등에 자신이 쓴 가사를 올려두면 기획사, 가수, 작곡가 등과 연락이 닿아 노랫말로 살아날 수 있는 가능성이 열려 있다.

인스타그램에서 알게 된 한 분은 주부인데 독학으로 캘리그라피를 연습해서 지금은 꽤 괜찮은 서체를 만들어내었다. 한두 명에게 감성 글귀를 써주다가, 카드를 대신 써주는 소액 서비스를 시작하였고 지금은 일거리가 들어오는 것 같다. 회사나 다른 본업만큼 큰 돈벌이는 아니지만 좋아하는 일을 할 뿐인데 돈이 되기도 하니 나쁘지 않은 것이다.

나 또한 첫 책의 출간을 제안받았을 때 선뜻 하겠다고 했던 것은, 일 외에 다른 취미 하나가 생기는 것 같아서였다. 부업이나 겸업을 하는 것에 대해 조심스러워서 인사팀장님께 살짝 이메일로 사전 허락을 받았는데, 회사에서는 오히려 더 반기고 응원해주는 뉘앙스였다. 그 책 덕분에 지금 또 이렇게 글을 쓰고 있다.

한 가지에만 올인하고 살면 성공 확률은 높아지지만, 그것이 외부적인 요인으로 인해 중단되었을 때 느끼는 허탈감과 막막함은 이루 말할 수 없다. 평생직장이라고 믿고 다녔던 직장을 IMF 금융위기와 함께 그만둬야 했던 수많은 은행원들 중 많은 사람이 퇴직금을 1년 만에 날리게 된 안타까운 사례를 많이 보았다. 다른 취미가 있었던 것도, 기술이 있었던 것도 아니고 혼자서 은행을 차릴 수도 없다 보니 퇴근 후 종종 들르던 치킨집을 직접 차려볼까 하는 마음으로 퇴직금을 걸고 시작했던 것이다.

수많은 커피 전문점도 마찬가지다. 친구 남편이 회사를 그만두고 커피 전문점을 차렸는데, 카페는 상대적으로 소자본으로 차리기 쉬운 종목이었다. 그러기에 많은 경쟁자들이 우후죽순 들어서게 되었고 결국 문을 닫게 되었다. 결국 2억의 빚을 남기고 다시 회사에 취직하게 되었다고 한다.

항상 출근하고 일하는 것에 익숙한 성실한 사람이 갑자기 일이 없어진 공백을 견딜 수 없어서 준비가 덜 된 상태에서 성급하게 창업한 것은 아닐까. 만약 취미가 사이클이라면 중년 대상 사이클 동호회를 만든 다음 어느 정도 회원이 모였을 때 사이클 장비 관련 가게를 운영하여 연계 판매를 할 수도 있을 것이다. 퇴직금

직장에서 배운 경제

이 있었기 때문에 바로 창업하지 않고, 취미를 탄탄하게 만든 다음 제2의 직업과 관련된 인맥들을 구축할 시간의 여유는 있지 않았을까.

또 다른 친구 남편은 퇴근 후 집에 와서 무전기 교신하는 것이 취미다. 무전기를 통해 사람들과 소통하는 것이 술에 범벅이 되어 술값, 택시비, 건강을 낭비하는 것보다 더 큰 활력이 되더라는 것이다. 네 살짜리 아이가 있어 내 친구는 퇴근 후 육아에 정신없는데 남편은 자기만의 공간과 취미를 가진다는 게 사실 얄밉기도 했다. 하지만 친구 남편은 아내가 운동이든 춤이든 회사와 육아 외에 혼자만의 취미를 가지면 좋겠다는 생각을 가지고 있다. 막상 친구가 취미를 가지려면 남편이 아이를 더 열심히 봐줘야 하는데, 과연 언제부터 취미를 시작할 수 있을지 모르겠다.

요즘같이 생각하지도 못한 곳에서 새로운 직업이 생겨나고 가치를 스스로 만들어갈 수 있는 세상, 아이디어만 있다면 누구나 국내든 해외든 인터넷으로 모두에게 팔 수 있는 기반이 되어 있는 세상에선 자기만의 콘텐츠가 중요할 수밖에 없다. 나만의 콘텐츠는 결국 나라는 사람이 즐기는 것을 반복해 쌓이는 나만의 노하우와 내용물이다. 잘 노는 것은 나를 건강하게 할 뿐만 아니라 길게 일할 수 있는 원동력이 되어줄 것이다.

ECONOMIC LESSONS LEARNED FROM MARKETPLACE

시장에서 배운 경제

이런 불경기에 창업한다고?

사무실에서 늘 사표를 내는 상상을 했다. 전자결재가 발달한 요즘엔 드라마처럼 흰 봉투에 담긴 사직서를 내미는 일은 드물다. "회사 그만두겠습니다"라는 말을 언제 어떻게 하는가가 관건인데, 늘 입에서 맴돌다가 다시 들어가고 만다. 가끔은 꿈속에서 말했는데, 내가 진짜 말한 것 같기도 하고 헷갈린다.

회사에 대한 불만으로 사직을 결심한 적은 한 번도 없다. 나의 가장 큰 고민은 내 인생을 어떤 모양으로 살 것인가였다. 다양한 취미와 창의적인 일에 흥미를 느끼는 편이고, 언제든 자유롭게 시간을 조절할 수 있는 자영업이 매일 아침 9시에 출근해야 하는 직장인의 삶보다는 내게 더 잘 맞는다고 생각하고 있었다.

이런 고민을 친구나 직장 동료에게 털어놓으면 친구들은 대부분 "그래, 네가 결심한 대로 해야지"라는 반응이었고, 직장 선배나 동료들은 더 준비하고 그만두라는 편이었다. 여기서 준비라는 것은 돈도 더 많이 모아놓고, 사업할 만한 것들도 더 찬찬히 준비해놓은 다음 돈이 될 확신이 섰을 때 시작하라는 것이었다.

늦게까지 회사 일을 마치고 들어와서 하는 일은 해외 인테리어 책자를 들여다보는 것이었다. 어느 순간 정말 확신이 들었다. 내가 이렇게 좋아하는 일로 돈을 벌면 안 될까, 그래 좋아하는 취미를 직업으로 삼자! 정말 어려운 고민 끝에 당시 팀장님인 전무님께 털어놓았다. 평소 나의 성격을 아는지라 정말 친언니처럼 말렸다. 더 준비를 한 후 그만두라고 말이다. 그리고 내가 하고 싶었던 인테리어, 홈데코 관련 업계와 가장 가까웠던 같은 그룹 내 잡지사로 이직할 수 있게 도와주셨다.

해보지 않았던 일이기도 했고, 궁금했던 일이기도 했기에 잡지사에서 하는 일들은 너무 재미있었다. 패션쇼에 가기도 하고, 이전의 중장비 관련 딱딱한 회의보다 재미있는 외부 이벤트 기획이라든가 뛰어다니면서 하는 상대적으로 소프트한 콘텐츠를 다루는 일이 많았다. 그간 쌓아왔던 컨설팅, 전략, R&D와는 사뭇 다른 계열의 패션, 뷰티, 방송, 광고, 이벤트 대행사 업계 관계자들을 만나는 것도 재미있었다.

그러나 재미있던 시간도 1년이 지나니 일은 반복되기 시작했고 다시 창업의 열의가 불끈 솟아올랐다. 문제는 시간이었다. 아무리 손에 일이 익기 시작해도, 김밥을 우적거리며 점심시간에 일을 몰아서 해도 칼퇴근 시간은 오후 6시다. 집에 소머즈처럼 뛰어가도 7시에 도착하는데 낮에 제대로 먹은 게 없으니 저녁 한 끼 제대로 먹고 치우다 보면 8시가 된다. 그때부터 혼자서 창업 관련 서류 업무, 그릇 수입을 위한 해외 업체와 이메일 교환, 사이트 오픈을 위한 브랜드 로고 작업 등 할 일이 태산이었다.

사업자등록을 먼저 해야 하는데, 혹여 회사에서 알면 어떻게 될까 싶어서 여간 조마조마한 것이 아니었다. '연말정산 때 다 들통 나면 어쩌나, 내 이름만 치면 사업자등록에서 다 나올 텐데, 쇼핑몰 하단에 작게 적혀 있는 대표 아무개가 다 보일 텐데……' 소심한 A형인 나는 이래저래 불안했다.

후회 없는 창업 준비

회사에서 동료들이 모두 점심을 먹으러 간 텅 빈 사무실에서 잠깐 짬을 내서 개인 이메일을 열어보고 밤새 유럽에서 날아온 이메일들을 읽고 통화하고, 회의실에 몰래 숨어서 국내에서 그릇을 공급하는 회사 담당자와 통화하는 날들이 이어졌다. 친오빠 이름으로 사업자등록증을 내고 회사 이름도 평소 생각해뒀던 라레이나[a]

reina로 우선 정했다.

　회사 초기에 만들었던 이름 라레이나는 스페인어로 여왕이라는 뜻인데, 여성이 주요 고객이었던 사업이었고 발음도 쉬워서 마음에 들었다. 지인에게 회사 로고와 명함을 부탁했는데 너무 마음에 드는 로고가 나왔다. 로고와 회사 명함이 생기면서부터 회사의 실체가 생기기 시작했다.

　해외에 새로 뚫을 회사들을 대상으로 회사소개서를 썼고, 회사 로고를 앞뒤로 크게 박았다. 영문 회사소개서에는 역사가 짧지만 국내에서 다양한 수입 그릇 유통 관련 일을 하고 있다는 식으로 썼다. 당시 관세청 자료와 코트라 기초자료를 분석해서 나라별 그릇 수입 현황과 북유럽 국가별 수입 증가 추세, 세부 품목별 수입 현황 차트를 만들어 회사소개서 뒤에 함께 넣었다. 또한 내가 당시 수입하고 싶었던 브랜드에 대한 이해와 그 브랜드를 국내에서 어떻게 마케팅하고 유통할지에 대한 계획을 당차게 넣어 비즈니스를 시작했다.

　어느 날 퇴근하고 돌아와 바삐 저녁을 먹고 제2의 업무를 시작하려고 우편물을 살펴보니 영국에서 온 편지가 있었다. 편지봉투에는 라레이나 회계팀 담당이라고 써 있었고, 구매한 샘플 관련 비용 청구서가 들어 있었다. 상대방 회사가 나를 하나의 온전한 회사로 보기 시작했다는 사실에 피식 웃음이 나왔다. 1인 회사이며, 심지어 아직 창업 준비생임을 밝히지 못한 점에 대해선 미안한 마음도 들었지만 시작할 수 있겠다는 자신감이 붙기 시작했다.

그렇게 그릇 수입을 시작하게 되었고 본격적으로 블로그와 쇼핑몰을 준비하면서부터는 시간이 절대적으로 부족해졌다. 밤늦게까지 일하고 아침부터 각종 회의에 끌려 다니며 일하다 보니, 이젠 더 이상 못하겠다는 생각이 들었다. 회의시간도 점점 내게는 의미가 없어졌고 특히나 잠이 부족해지면서 결단을 내려야 했다. 그래서 그만두겠다는 말을 해버리게 되었다. 그리고 이미 창업을 한 상태라는 사실과 한 달의 업무 인수인계 후 그만두고 싶다고 밝혔기 때문에, 비교적 순조롭게 회사원으로서의 인생을 일단락 지을 수 있게 되었다.

3년을 버틸 용기

사람들은 물어본다. 왜 불경기에 그만두냐고. 불경기에 준비해야 경기가 좋아졌을 때 돈을 번다고 생각한다. 어떤 업종이든 노하우와 인맥이 쌓이고, 사람들이 알아봐주는 시간이 필요한데 호경기에는 그것을 쌓을 시간이 없다. 불경기에 차근차근 내공을 쌓고 견딜 수만 있다면 좋은 기회는 내가 익었을 때 올 것이라는 생각을 했다. 어쩌면 딸린 식구가 없기 때문에 내 한 몸 건사하면 된다는 입장이어서 유리한 부분도 있었다. 주위에 창업에 대한 열의는 많지만 책임져야 할 가족이 많아서 그만두지 못하는 유부남들은 해보고 싶은 대로 다 하고 살아서 좋겠다며 걱정 반, 부러움 반의 시선을 던지기도 한다.

또 이런 질문을 한다. 그 정도 월급이면 편하게 먹고살 수 있는데, 왜 더 견디지 그랬냐고. 심지어 나는 그때 차장으로 진급했고 일이 손에 익어 정시 퇴근이 어느 정도 가능한 때였다. 그러나 내 생각은 그랬다. 다시 취직할 수 있는 마지노선의 나이를 남겨두고 그 전에 창업해서 일을 해보고, 쫄딱 망하더라도 다시 취직할 수 있어야 한다고. 더 나이 들어서 회사를 그만두면 창의적인 일을 해볼 수 있는 유연한 자세도 떨어지고, 직급과 몸집이 무거워져 재취직의 길은 더 멀어질 것만 같았다.

창업 후 바로 돈을 벌 수 있을 것이라는 기대는 하지 않았다. 3년만 잘 버티고 마흔 살이 되었을 때부터 돈을 벌 수 있으면 좋겠다고 생각한 것이다. 마흔 살부터 정년퇴직 없이 혼자서 일흔 살까지 자영업을 끌고 간다면 30년의 일이 될 수 있을 거라 생각했다. 자영업의 특성상 다른 업종으로의 전환도 자유로우니 일흔 살까지 여러 가지 업종 전환도 시도하면 재미있겠다는 생각이었다.

치기 어린 생각일지 모르지만, 중요한 것은 내가 생겨먹은 대로 살면서 행복하면 된다는 것이다. 나는 스스로 일을 만들어가는 것을 좋아하고, 남이 시키는 일은 즐겁지 않았다. 일을 저지르러 갈 때 나름의 희열을 느낀다. 그리고 해보지 않은 일을 벌일 때는 짜릿함을 느끼는 편이다. 또 한 가지 일만 하는 것보다 일의 분량과 수입을 줄이더라도 본업과 부업, 메인 직업과 제2의 직업을 갖고 싶었다. 그것이 내가 직장인 생활보다 자유 직업인의 길을 선택한 또 다른 이유이기도 하다.

택배 물량이 많을 때에는 나도 제품 포장에 정신이 없다. 시장 바닥에서 혼자 무거운 샘플 원단을 이고 지고 다닐 때에는 이러려고 창업을 했나 하는 자괴감이 들 때도 있다. 미국 유학까지 다녀와서 이런 일을 하냐고 물어볼 수도 있겠다. 비록 지금은 가난하지만 내 선택에 후회는 없다. 창업은 입사 1년 차부터 나의 꿈이었고, 지금은 그것을 실천하면서 좋은 점과 나쁜 점을 온몸으로 느끼고 있다. 3년이 지난 후 좋은 점, 나쁜 점을 결산해서 나쁘다 싶으면 다시 평범한 직장인으로 살아갈 것이지만, 그때도 후회는 없을 것 같다. 항상 마음속에 두고 있었던 창업에 대한 간질간질한 궁금함과 욕구를 해소하고 있으니까.

또 모르는 일이다. 이렇게 잘 이겨내고 내공이 쌓이면 돈을 더 많이 벌 수 있는 시기가 올지. 하지만 돈을 위해서였다면 당연히 창업하지 않았을 것이다. 내게 중요한 것은 내가 지금 오늘을 즐기는가, 그리고 내일을 제대로 구상하고 있는가다.

　창업을 고민하는 사람들에게 가장 먼저 해주고 싶은 말은, 좋아하는 일이 무엇인가를 먼저 찾고 취미로 깊이 시작해보라는 것이다. 그 취미가 깊어지고 시간이 길어지면 자연스럽게 창업으로 이어질 수밖에 없다. 거창한 창업이 아니라 간단한 사업자등록 신청과 회사 명함 하나로 무엇이든 할 수 있는 인터넷 세상이다. 욕심내지 않고 작게, 똑똑 문을 두드리다 보면 새로운 기회는 찾아온다.

동대문 시장에서
살아남는 법

2013년 여름, 동대문 종합시장에 낯선 여자가 나타났다. 금발로 염색한 머리를 질끈 꽁지 묶고, 운동화 신고 뛰어다녀도 힘든 계단과 미로로 얽히고설킨 건물에 쓸데없이 높은 웨지힐을 신고 트렁크 가방을 끌고서 말이다. 트렁크 가방이 겨우 통과할 만한 폭의 원단 가게와 원단 가게 사이에 난 작은 미로들을 초보 운전자처럼 아슬아슬하게 뒤뚱거리면서 지나갔다. 원단 뭉치를 몇 절씩 지게에 싣고 "비키세요"를 외치며 바삐 옮겨 다니는 아저씨들 사이로 트렁크 가방을 끌고 "죄송합니다. 지나갈게요"를 외치며 낯선 길을 헤매고 있었다.

그 이상한 여자의 어설픈 원단시장 방문이 내가 운영하고 있는 온라인 쇼핑몰의 시작이다. 경험이 없었기 때문에 원단시장에는 세상에서 가장 편한 신발을 신고 가야 하며, 여러 원단들을 한집에 몰아 퀵으로 보내야 한다는 것을 몰랐다. 아무도 알려주지 않은 동대문 시장의 언어와 시스템을 익히기 위해 나는 바닥부터 부딪치며 고군분투해야 했다.

나는 스칸디나비안 스타일의 원단을 찾기 위해 4개 건물이 연결되어 있는 원단시장 미로를 일일이 걸어 다녔다. 그러다 심플한 도형으로 반복된 스칸디나비안 스타일의 원단집을 우연히 발견했다. 그곳에서 구입한 원단으로 내가 수입하는 그릇들에 어울릴 만한 테이블매트, 앞치마, 테이블 리넨 등을 만들면서 본격적으로 침구 제작에 뛰어들게 되었다.

필요한 건 스펙도 학벌도 아닌 생존력

지금은 모든 거래가 회사 대 회사로 이루어지고 전화와 이메일만으로도 원단이 대구에서든 해외에서든 바로 배송된다. 또한 직접 원단을 디자인해서 대량 나염을 하고 있다. 침구는 회사에서 자체 제작하거나(이를 인하우스라고 한다), 외부 공장을 통해 제작하므로 직접 들고 뛸 일이 예전보다 줄어들었다. 그러나 초기에는 직접 원단을 사러 다니고 무거운 원단을 들고 제작을 의뢰하고 일일이 쫓아다니는 일이 모두 나의 발에서 시작되어 발에서 끝났

시장에서 배운 경제

다. 어쩌면 그 발품이 있었기 때문에 여기까지 올 수 있었다.

그간 직장이나 학교에 소속되어 편안한 울타리가 있었지만 창업 후 나의 울타리는 동대문 종합시장에서 완전히 무너졌다. 원단집에서는 내가 얼마나 많은 원단을 사 갈 수 있는지가 중요했다. 원단을 들고 나를 때에는 내가 얼마만큼의 체력과 깡이 있는지가 스스로에게 중요해지고, 입소문을 끌어내고 제품을 유행시킬 때에는 사람들의 취향과 관심을 파악하는 부지런한 조사와 본능적인 마케팅 기술이 중요했다. 제품 제작 공장에서는 또다시 내가 얼마만큼의 물량을 의뢰하는 사람인가가 중요했다.

시장에서는 장사가 잘 되는 사람, 원단을 대량으로 사는 사람, 현금을 쥐고 있는 사람, 제품 제작을 대량으로 의뢰하는 사람이 갑이었다. 당신이 내게 얼마의 돈을 벌어다주느냐가 가장 중요한 가치였지 다른 것들엔 관심이 없었다. 나머지를 신경 쓰기엔 서로 바빴고 돈 버는 데 도움이 되지 않았다. 돈이 많이 되는 주문이 더 중요한 가치였고, 소량 주문의 경우 제품 제작이 늦어지기도 했다. 내 제품에 대한 제작 일정을 당기기 위해서는 어떻게 해서든 일정을 쥐고 흔드는 사람을 찾아 친해지거나 하소연을 해야 했다.

발주 물량이 적은 나는 친해지는 방법을 선택했다. 그래서 공장마다 매일 출근해서 미싱 이모들 옆에 앉아 제품 뒤집기(바느

질을 안쪽에서 하고, 뒤집어 바깥쪽에서 마무리 작업을 하려면 누군가가 뒤집어줘야 하는데 보통 보조업무를 하는 사람이 따로 있다), 원단 나르기, 재단을 위한 기초 작업까지 도맡아 했다. 분명 일을 의뢰한 건 나고 내가 클라이언트였지만 일정을 더 당겨줄 수 있는 융통성을 발휘하는 것은 일을 의뢰 받은 공장 사장님이었다. 성격이 급해 물건을 고객들에게 빨리 배송해야 마음이 편한 나는, 공장에 딱 붙어서 내 일이 밀리지 않고 먼저 처리될 수 있도록 지켜보면서 공장 일을 도왔다. 덕분에 짧은 시간에 제조 공정을 파악할 수 있었고, 공장분들의 신임을 얻게 되었다. 모든 것이 대량으로 시스템에 의해 흘러갈 정도의 물량 파워를 쌓기 위해서는 직접 발로 뛸 수밖에 없었다.

무한 경쟁 시장에서 돈이 많은 사람, 돈을 잘 버는 사람 다음으로 인기 있는 사람은 한꺼번에 많은 사람을 온라인상에서 동원할 수 있는 사람이다. 몇 년 이상 블로그를 해 입소문을 유도할 수 있는 힘을 가지고 있었던 네이버 파워 블로거는 "내가 당신 제품 한번 밀어줄까"라는 쪽지를 보내기도 했고 어떤 직업 사진가는 "내가 당신을 위해 사진 한번 찍어줄 수도 있지. 내게 잘 보이면……" 이라는 뉘앙스를 풍겼다. 이 모든 것이 내게 유리한 게임의 법칙이 아니었고, 아니꼽고 치사했지만 돈과 손님을 끌어 모을 힘과 아직 대단한 기술이 없는 나는 찌그러질 수밖에 없었다. 그동안 회사 면접에서 크게 꿀리지 않았던 나의 스펙도, 영어 점수도, 평소 넓다고 자랑하는 인맥도 무용지물이었다.

나를 보호하던 울타리 너머 냉혹한 생존 게임

언젠가 나는 사회에 도움이 되는 일을 하고 싶은 적이 있었다. 그렇게 해외봉사를 찾아보다 코이카 무료 자원봉사를 알게 되었다. 지원하기 전에 미리 인터넷 서핑과 담당자를 통해 사정을 알아보았는데 나는 아프리카나 동남아에 파견되어도 별 도움이 안 되는 사람이었다.

해외 자원봉사에서 필요한 것은 기술이었다. 컴퓨터, 미용, 건축, 의료기술 등이 중요한데 내게 그런 기술은 없었다. 그래서 "다른 것들을 열심히 하겠습니다. 요리도 하고, 짐 옮기고, 아이들 돌보는 거, 이런 거 저런 거 잘할 수 있습니다"라고 했더니, 그것들은 현지인들이 더 잘한다는 것이다. 힘도 더 세고, 노동력도 더 싸고, 말도 잘 통하고 어차피 그들도 이미 잘하고 있는 일인데 성가시게 외국인이 비행기 타고 와서 거들어준다고 해도 큰 도움이 안 된다는 답이었다.

동대문 종합시장의 원단 가게들은 일견 아주 작고 허름해 보이지만, 부모 세대부터 이어오면서 한국 섬유산업 부흥기에 꽤 많은 돈을 벌었고 지금도 안정적으로 수입을 유지하는 가게들이 대부분이다. 현역에서 뛰는 부모 세대와 가게를 이어받아 함께 일하는 자녀가 많은데 이들은 돈에 대해서는 절대 물렁하지 않다.

안락한 울타리가 있을 때에는 느끼지 못했던 살아남기 위한 경쟁력은 무엇인지 시장에 처절하게 내동댕이쳐졌을 때에야 비로소 알 수 있었다. 이력서에 쓰인 학교, 경력 등을 다 집어 던지고 내가 남들보다 생존에 뛰어난 요소가 무엇인지 생각해보면 아마 많은 사람들에게 답이 안 나올 것이다. 그렇게 나는 그동안 내가 쌓아온 것을 모두 내려놓아야 했고 원점에서 동대문으로 뛰어들었다.

명함을 건네기 위해
KTX를 타는 이유

대구로 가는 KTX를 타기 위해 아침 일찍 서둘러 나섰다. 미리 표를 끊어놓진 않았지만 평일 오전이므로 한 자리는 쉽게 구할 수 있을 것 같았다. 다행히 서울역에서 바로 출발하는 왕복표를 끊고 서둘러 좌석에 앉았다. 내려가는 표는 9시30분, 올라오는 표는 3시. 사실 대구에서 볼일 보기도 어려운 촉박한 시간이었지만, 충분한 시간이기도 했다. 대구에 급히 내려가는 이유는 단 한 가지였다. 새로 소개받은 봉제공장 사장님을 만나 인사하고 명함을 건네 드리고 오는 것이었다.

내가 운영하는 쇼핑몰에선 심플한 색감과 문양의 침구 제품을 판매하고 있다. 제품 중에서 어린이집 낮잠시간이나 여행, 친척 집 방문 시 간편하게 사용할 수 있도록 베개, 요, 이불, 가방까지 모두 하나에 담겨진 일체형 낮잠 이불세트가 있는데 어린이집 입학 철이 되면 생산에 비상이 걸린다.

그래서 평소 이용하는 공장 외에 추가로 다른 봉제공장을 뚫어 둬야 했다. 대구에서 섬유 관련 업계를 잘 알고 계시는 지인을 통해 공장 사장님 연락처를 소개받은 터였다. 전화로도 일을 시작할 수 있고, 막상 직접 내려가서 하는 일이라곤 "안녕하세요" 정도의 소개가 전부지만 나는 서로 얼굴을 보고 일을 시작해야 한다고 생각했다. 얼굴을 한 번 본 사이와 그렇지 않은 사이는 경험상 일할 때 많이 달랐기 때문이다.

얼굴을 모르는 경우 기계적이고 사무적인 관계가 되기 쉽고 누가 더 우위의 상황에 있는가에 따라 갑, 을의 상하구조가 생기기 쉽다. 그러나 서로 안면을 익히고 짧게라도 악수 한 번 하면 그 후 전화를 할 때나 이메일을 주고받을 때에도 서로 구체적인 이미지가 있으므로 훨씬 더 인간적인 관계가 생긴다. 함께 잘 해보자, 서로 '으샤으샤' 해보자는 생각이 더 진해지는 것이다.

그 공장을 소개해주신 분과의 첫 만남 또한 전화로만 인사드린 것이 아니라 직접 한 번 인사를 하겠다는 마음으로 바로 내려가 안면을 트고 일을 시작했다. 소탈하고 겸손한 말투와는 달리 알고 보니 대대로 섬유업을 이어온 업계의 베테랑이었다. 대형 섬유 수출창고, 원단 도매상, 원단 수입상, 각종 제작 공장 등 업계 인맥이 화려했다. 그분의 도움으로 계속 사람을 소개받고, 또 직접 안면을 트고 하면서 서울과 대구의 관련 업계 사람들을 많이 만나게 돼서 업계 지인이 많지 않았던 내가 지금까지 일을 꾸려 오고 있는 셈이다.

짧지만 직접 공장을 눈으로 살펴보니 몇 명의 재단사와 봉제사가 있고 하루에 얼마 정도 생산이 가능한지 알 수 있었다. 그리고 경쟁사 침구류 제품 중에서 주로 어떤 것을 만들고 있는지 말하지 않아도 눈으로 바로 확인되니 긴 이야기가 필요 없었다. 그 후 서울에 와서는 카카오톡과 짧은 전화만으로도 수월하게 일을 처리할 수 있었으니 대구 왕복 KTX 비용과 시간이 아깝지 않은 셈이다.

스킨십 비즈니스의 위력

사실 돈을 주고 일을 맡긴다는데 누가 싫어하겠느냐만은 눈을 보고 잠깐이라도 이야기한 사람과는 남다른 관계가 생기고 짧지만 구체적인 존재감이 생기기 때문에, 함께 해보자라는 동지의식이 전화로만 아는 경우보다 더 강해진다.

대학 졸업 후 처음 취직했던 곳은 휴대폰을 만들어 수출하는 벤처회사였다. 당시 회사는 휴대폰 연구개발과 제조를 통해 한국

시장에서 배운 경제

의 CDMA 방식 휴대폰을 활발하게 수출하고 있었다. 내가 맡은 업무는 해외 영업이었기 때문에, 해외 출장을 가는 경우도 많았지만 해외에서 바이어들이 방문하는 빈도가 훨씬 더 높았다. 영국, 미국, 동남아, 동유럽 등지에서 멀리 한국까지 와서 하는 일이 서로 명함을 주고받고, 각자의 회사에 대한 소개와 구체적인 비즈니스 거래에 대한 논의였다.

처음 배운 비즈니스 매너는 명함을 돌리는 법이었다. 적게는 6명, 많게는 20명까지 다양한 국적과 직책의 사람들이 참석하는 복잡한 회의가 많았다. R&D가 핵심인 사업 영역이다 보니 기술개발 엔지니어까지 참석하면 대회의실이 꽉 차버렸다. 그 많은 사람들이 서로 길게 줄을 서서 한 명씩 인사하고, 명함에 자기 이름이 보이는 면을 위로 하고 양손으로 건넨 후 눈을 보며 악수하고 또 옆사람으로 옮겨서 명함을 건네고 인사하는 식이었다.

명함 순례가 끝난 다음엔 각자 자리에 앉아 상대방 이름이 보이도록 명함을 자기 앞에 늘어놓는다. 이때 상대방이 앉아 있는 순서에 따라 기억하기 쉽게 명함을 배치해둔다. 한꺼번에 인사를 나눈 사람의 이름과 얼굴을 쉽게 기억할 수 없고, 많은 사람들이 참석했을 때에는 '당신'이 아니라, 그 사람 이름을 부르며 대화해야 하므로 자리에 앉자마자 재빨리 명함을 배치하는 것이다. 절대로 명함을 구긴다거나, 바로 가방에 넣는다거나, 여러 장을 겹

쳐 놓으면 안 된다.

　이렇게 반나절이나 하루 정도의 회의를 끝내면 본격적인 실사를 하기 전에 간단히 연구소를 둘러보았는데, 막내 영업사원인 내가 연구소 소개를 담당했다. 연구소라고 해봤자 책상들이 쭉 들어서 있고 소프트웨어, 하드웨어, 기구, 품질 관리팀 등 층별로 나눠진 부서들을 한번 훑어보는 정도였다. 구체적인 실사가 아니라 대략으로 회사에 대한 인상을 가져가는 것이다.

　이렇게 직접 만나서 얼굴을 익힌 스킨십 비즈니스는(진짜 스킨십을 말하는 건 아니다) 나중에 복잡하고 어려운 일이 발생했을 때 진가를 발휘했다. 가볍게 저녁식사를 하면서 캐주얼한 친분을 쌓은 정도여도 상대방의 평소 인생관, 가족관계, 삶의 방식을 엿볼 수 있기 때문에 차갑게 몇 줄 날아오는 이메일에서도 그 사람의 평소 말투와 업무 해결방식을 이해할 수 있다.

작은 인연이 발휘하는 큰 힘

사실 몇십억이 왔다 갔다 하는 거래에서 신뢰가 없고 서로에 대한 이해가 없다면, 짧은 이메일에서도 오해와 불신이 일어날 가능성은 참 많다. 납품 일정이 늦어지거나, 제품에 불량이 있다거

나, 판매 후 소비자 불만이 심각하다거나, 수출·수입 서류에 문제가 있어 통관 문제가 발생하는 등 일이 꼬이고 복잡해질 때에는 더욱 그렇다.

내가 맡았던 메이저 파트너 중 영국 회사에 키가 185센티미터에 가까운 금발머리 백인 여자가 있었다. 평소에는 정말 깐깐하고 똑 부러지기가 이를 데 없었다. 정확한 스타일이기 때문에 항상 블랙베리를 들고 다니며 실시간으로 이메일을 체크·관리하고, 정확한 일 매듭을 좋아하는 스타일이었다.

여러 번 자주 만나다 보니 중독이다시피 일에 빠져 있는 그녀에게 묘한 애정이 생겼다. 나보다 나이도 많고 인생 선배 같은 사람이었는데, 사석에서 이혼 절차를 밟고 있다는 이야기를 듣고 나니 더 짠해지기도 했다. 나는 한창 혈기왕성하던 시기여서 의욕만 높고 세련된 비즈니스 기술이 없었다. 혈기만 왕성한 나를 그녀는 어린 동생을 대하듯 응원해주었다. 남자들처럼 진하게 고꾸라질 정도의 술을 마시지 않았지만 가벼운 와인 한잔 정도로도 서로 인간적인 이야기를 나누기엔 충분했다.

한 번은 영국 회사를 통해 루마니아에 대량 납품했던 휴대폰 성능에 큰 이슈가 생겼다. 산골 같은 외진 지역에서 전화가 잘 안 터진다는 필드 테스트 결과 때문에, 당시 우리 회사가 받아야 할 돈이 있었는데 성능 개선과 대금 결제라는 카드를 서로에게 요구

시장에서 배운 경제

하는 예민한 상황이었다. 엔지니어들과 함께 루마니아에서 삼자 대면으로 미팅을 했지만, 이미 생산 완료된 제품에 안테나를 재생산해서 바꿔 끼울 수도 없고, 당장 그 대금이 들어오지 않으면 250여 명의 월급 지급에 차질이 생기는 어려운 상황이었다.

우리는 받아야 할 것들이 명확했지만 그쪽에서는 무언가를 요구하고 있었다. 우리는 안테나를 바꿔 끼우는 것만은 할 수 없었다. 하루 종일 미팅을 하면서 루마니아 회사에서 양보할 수 없는 통화 품질 관련 보고서들, 영국 회사에서 루마니아에 수용할 수 있는 것과 없는 사항들, 그리고 한국 연구소에서 안테나를 건드리지 않고 최대한 다른 방법을 통해 통화 품질을 개선할 수 있는 사항들을 취합해 조금씩 조금씩 이견을 줄여 나갈 수 있었다. 자칫 이메일에 쓴 관사 하나에도 일이 어그러질 수 있는 예민한 상황이었지만 서로의 성격과 얼굴을 알고 있었던 우리는 동료의식을 발휘하여 중간에서 일을 조율해나갔다. 그렇게 진땀나는 하루가 끝나고 서로 납기일을 미룰 수만은 없었기에 세 회사가 원하는 접점을 찾아 서로의 체면을 최대한 살려주고 실리를 챙기는 쪽으로 마무리할 수 있었다.

작은 일도 직접 만나서 얼굴을 보고 시작하는 것은 좋은 출발이 될 수 있다. 작은 인연도 나중에 큰일을 함께하는 파트너로 발전할 수 있다. 평생의 파트너들을 지금부터 한 명 한 명씩 정성들여 쌓아보자. 한 번의 인연은 어디서 시작해서 어떻게 이어질지 아무도 모르는 법이다.

동대문에서 만난
인생 선배

한국에서 원단을 가장 많이 판매하고 있고, 국내에 유통되는 거의 모든 종류의 원단이 모여 있는 동대문 종합시장 원단상가. 큰 건물 네 개가 서로 연결되어 있어 크고 깊은 미로에 수많은 원단 가게들이 빼곡히 들어앉아 있다. 단순한 패턴의 원단을 파는 원단 가게 중에서 유독 개미굴처럼 손님들로 바글바글 대고 바쁜 곳이 있다. 손님 줄이 길게 늘어서 양옆, 앞뒤 원단 가게들 통로까지 막고 있어 주변 가게들의 부러움과 질투를 동시에 사고 있는 곳이다.

가게로 들어가보면 스와치라고 하는 작게 잘라놓은 원단 샘플을 계속 살펴보는 인테리어 관련 쇼핑몰에서 나온 듯한 여자 무리들과, 다양한 원단 중 어떤 걸 골라서 신상을 만들어야 할지 고민하며 질문을 던지고 있는 주부 블로거, 대량 주문을 넣고 있는 옷 매무새가 남다른 젊은 남자 한 명, 큰 봉투를 들고 와서 가게 안에 들어가 수다와 일을 함께 쏟아내는 몇 명의 무리, 샘플을 만들기 위한 원단을 소량 사가는 사람들, 주문이 들어오는 팩스 종이, 쌓아놓은 원단들을 서서 자르고 쇼핑백에 담는 남자 직원들, 딱 보기만 해도 정신이 없어 보인다. 그 한가운데 작은 책상에 앉아 끊임없이 찾아오는 사람들을 응대하고 상담하는 민낯의 여자가 그 가게를 움직이는 실세다.

이 가게는 우연히 알게 된 곳이다. 겉으로 보기엔 아주 작은 가게에 불과하지만 실제로는 작은 회사만큼 굵직한 매출을 거두고 있으며 일본 등 해외 바이어들과도 튼튼한 거래처를 갖고 있는 회사였다. 그녀는 나보다 여덟 살 어리지만, 스물한 살부터 원단 업계에 뛰어들어 수많은 고비를 겪었고 지금은 월 순수익만 몇천만 원이 넘는 알토란 같은 원단 사업을 이끌고 있다. 항상 수수한 옷차림에 화장할 시간이 아까워서 화장기도 없고, 외모를 가꾸는 편은 아니지만 항상 눈이 빛나는 동생이었다.

새로운 일에 대한 호기심이 많아 직접 배우고 스스로 해야 직성이 풀리는 성격이라 일을 시작하면서 벽에 부딪히는 것들을 학교와 병행해서 배우다 보니, 대학만 네 군데 정도 다녔다고 한다. 섬유학, 일러스트 디자인, 마케팅 등 실전에서 배우기 어려운 원론이나 이론은 학교를 다니며 해결하고 그 지식을 실전에 바로바로 적용하여 사업을 키워나갔는데, 최근 붐이 일어난 북유럽 스타일

원단이 국내에도 대중화 될 수 있었던 까닭에는 이 친구도 한몫을 했다.

젊어서 겪은 실패 경험이 성공의 자산이 되다

언뜻 보면 깔끔한 회사 사무실이 아니라 복잡하고 좁은 원단시장 내 몇 평 되지 않는 작은 공간에서 어떻게 큰일을 해낼까 싶다. 그러나 국내 유명 가구·의류 업체들도 그녀의 조언을 듣고 원단을 공급받기 위해 이 곳을 찾는다. 호기심이 많은 성격이라 나와도 잘 통했고, 함께 일을 하면서 가까이서 지켜볼 수 있었는데 돈을 잘 벌 수밖에 없는 그녀만의 남다른 삶의 태도와 노력이 있었다.

무엇보다 새로운 것에 대한 호기심이 높다. 새로운 일을 하는 것, 새로운 조합을 만들어내는 것, 새롭게 고객을 만들어가는 것, 새로운 배움을 시작하는 것 자체를 즐긴다. 그래서 일이 좀 익숙해지고 재미없다 싶으면 뭘 할까, 무슨 재미난 일을 벌여볼까 끊임없이 고민하는 것이다.

학교를 여러 군데 다닌 것도 끝없는 호기심과 질문을 가장 잘 받아주고 가르쳐주는 공간이 학교와 교수님이기 때문에, 필요할 때마다 수능을 보고 원하는 학과에 들어가 학년 구분 없이 듣고 싶은 과목을 모두 들었다고 한다. 나이 많은 1학년이 입학해 갑자기 3학년 수업을 청강하러 들어오니 예민하게 구는 학생들도 많았을 테지만, 중요한 건 배움 자체였던 그녀는 남의 시선을 크게 의식하지 않았다고 한다.

그녀의 두 번째 장점은 실패를 즐기는 것이었다. 원단 장사를 시작해 여러 번 쫄딱 망하기도 했고 우여곡절이 많았다. 어린 나이에 자살충동도 겪고 대인관계에서도 어려움을 느낄 정도로 힘들었다고 한다. 나중에는 본인 이름을 걸고 인터넷에 쇼핑몰을 열 수 없을 만큼 크게 힘든 적도 있었는데, 우여곡절 끝에 다시 시작한 쇼핑몰로 재기에 성공하여 지금까지 씩씩하게 흘러왔다.

시도해서 실패하면 울어야 하는데 그녀의 태도는 달랐다. '어라. 이거 아니네~. 왜 그렇지?' 이런 마인드로 실패를 객관적으로 분석하곤 했다. 나에게도 "언니! 이거 아닌가 봐, 이렇게 바꾸는 게 어때?" "이건 반응이 영 별로네. 하~ 그럼 요렇게 하는 건 어떨까" 등등 시간을 가리지 않고 일에 대한 고민을 쏟아내고 있었다. 이미 여러 번 폭삭 망해봤기 때문에 망하는 것 자체에 면역이 돼 있는 상태라, 더 거침없이 시도할 수 있는 자신감이 생긴 듯했다. 어차피 쫄딱 망해도 죽지는 않는다는 것을 아는 데다 실패를 바탕으로 다시 일어설 수 있는 경험과 노하우가 쌓인 것이다.

세 번째 장점은 사람 관리였다. 원단 몇 마 정도를 소량 구매하는 고객은 원단 가게 입장에서 몇십 절씩(보통 100마가 감겨진 큰 롤이 한 절) 구매하는 고객에 비해 정말 작은 손님이다. 이 작은 손님들이 때로는 다른 큰 손님들이 들어오지 못할 정도로 집요하게 상담하고 카톡으로 실시간 상담과 푸념을 늘어놓고 오히려 일에 큰 방해가 될 때가 많은데, 그 한 명 한 명에게 인내심을 가지고 반복된 상담을 똑같이 해주곤 했다.

청담동 키즈의 칠전팔기

다른 비슷한 북유럽 스타일의 원단 가게나 회사에 비해 유독 거래가 끊이지 않았던 것은 원단만 파는 것이 아니라 사업과 트렌드에 관한 전반적인 컨설팅도 함께 해주기 때문이었다.

큰 회사들은 자체적인 시장조사를 통해 의사결정을 내리지만 유행에 예민한 트렌드 리더들이 실시간으로 어떤 디자인과 패턴에 반응을 하는지, 어떤 작은 곳에서 핫한 아이템을 들고 나와 성공했는지 등 시시각각 급변하는 정보들에는 상대적으로 둔한 편이다. 반대로 가정주부나 블로그에서 홈패션 제품을 만들어 판매하는 경우에는 각종 유관 거래처에 대한 정보, 원단 거래에 대한 실질적 노하우, 제작 공장과의 연줄, 마케팅 노하우 등 어딘가에 정말 기대고 도움 받고 싶어 하는 경우가 많다. 그녀는 이 두 가지 사례 모두에 적절한 도움을 준다. 그러기에 큰 회사든 개인 회사든 그녀가 파는 원단을 중심으로 신상품을 만들게 되고, 서로 입소문을 내주면서 고객이 늘어나고 있었다.

네 번째는 일 자체를 게임하듯이 즐긴다는 것이다. 사실 이 네 번째 장점이 가장 큰 장점이자 남들과 다른 점이었는데 매일 새로운 게임 한 판을 뛰듯 일 자체를 재미있게 즐긴다. 몸이 힘들면 힘들수록, 일이 복잡하게 꼬여갈수록 이 난관을 어떻게 헤쳐 나갈지 고민하되 왜 난 이런 일을 해야 하는지, 왜 내게는 이런 어려움이 계속 쏟아지는지 신세 한탄은 절대 하지 않았다.

'어라, 게임 레벨이 올라가는데? 그래~ 한 판 해보자.' 이런 자세였기 때문에 스스로에게도 지나친 연민이나 합리화는 허용하지 않았다. 객관적으로 내가 이런 점이 부족하니까, 저런 무기를 가진 사람을 섭외하고, 이렇게 설득해서 우리 아군으로 만들어보자. 이 게임은 좀 어려운 한 판이니까 여러 명의 용병을 구해 함께 뚫어보자. 또는 한 판의 게임이 끝나서 승리하면, 내가 이번 게임을 통해서 어떤 스킬을 쌓았고 아이템을 얻을 수 있었는지 자축하는 것이다. 그러다 완패하게 되면 다시 실패 요인을 분석해서 리플레이를 시작한다.

무서울 정도로 지치지 않고 집중해서 일의 게임을 즐기고 있는 사람이었고, 그 자체를 즐기고 있으니 발버둥을 치면서 열심히 노력하는 사람보다 훨씬 앞설 수밖에 없었다.

이렇다 보니 늦게까지 술 마시는 취미도 없고, 주말이라고 해서 늘어져 쉬지도 않았다. 퇴근했으니까 더 이상 일 고민, 일과 관련된 사람과의 전화는 안 받겠다고 생각하지도 않았다. 하고자 하는 일이 늘 가득하니 새벽 일찍 일어나서 출근하고 하루하루 최선을 다해 살아가는 것이다. 이렇게 굳어진 성공 습관들 때문에 이제 30대 초반의 나이에도 여느 중견업체 사장님만큼의 매출과 고객망을 갖고 매일 성공의 새벽을 열어 나가고 있는 것이다.

알고 보니 그녀는 청담동에서 나고 자란 청담동 키즈였다. 사실 청담동 키즈라는 것을 알고 나서는 일견 묘한 배신감과 함께 '그럼 그렇지'라는 내 합리화가 몰려왔다. 하지만 나중에 깊이 더 이야기를 들어보니 초등학교 때 부득이한 사정으로 부모님의 전 재산이 경매에 넘어가게 되었다고 한다. 그녀는 어렸을 때 집으로 찾아오는 빚쟁이들의 빚 독촉 풍경을 아직 기억하고 있다고 했고, 그것이 훗날 성공할 수 있는 정신적 밑거름이 되었다고 한다.

지금은 좋은 집에서 살고 있지만 청담동 아주 허름한 곳에서 부모들은 이를 갈며 악착같이 일해 보기 좋게 재기에 성공했다. 그 모습을 어릴 때부터 보고 자라며 몸으로 체득했기 때문에 돈을 버는 방법, 신뢰를 쌓는 방법, 어려움에 굴하지 않고 다시 일어서는 방법 등 모든 것을 몸 안에 지닐 수 있었다. 부모 세대에서 그 정도 재산을 다시 쌓게 되면 으레 나태해질 수 있지만 열심히 하루하루 자신과의 싸움을 이겨나가고 있는 삶의 태도에 8년이나 더 산 내가 많은 점을 배우고 있다.

남의 성공 이유는 분석할 수 있지만 사실 가장 어려운 것은 내 것으로 체화해 내 몸에 넣는 것이다. 머리로 아는 것과 몸으로 체화하여 내 것으로 쌓는 것은 다르다. 그래서 수많은 부자 되는 법에 대한 책을 읽고 강연을 듣는들 내 것이 되지는 않는다.

머리를 크게 내리칠 사건이 생기지 않는 한 우리는 지금까지 살아온 관성대로 앞으로의 시간도 꾸려가게 될 것이다. 사람이 갑자기 바뀌지는 않으니까 말이다. 그럼에도 조금이라도 변화를 만들어가고자 한다면, 남의 장점 중에서 하나만 뽑아서 면밀하게 따라 해보면 어떨까 한다. 가까이 지켜보는 사람 중에서 유독 마음에 드는 장점이 있다면 자세히 살펴보라. 그 사람이 어떻게 그런 삶의 습관을 만들어가고 유지하는지 돈 버는 습관, 성공하는 습관의 작은 것 하나가 우리를 좀 더 원하는 목적지에 가까이 데려다줄 것이다.

간판에서 돈을 읽는
장사의 귀재

창업을 한 후 알게 된 또 한 친구가 있다. 30대 후반의 싱글남인데 20대부터 사업을 시작해 지금은 미디어 영상 분야에서 꽤 자리를 잡은 친구다. 10대 때부터 재미로 장사를 시작했는데, 처음에는 원하는 게임기를 사기 위해서 엄마 몰래 길거리 장사를 시작했다고 한다. 돈이 된다 싶어서 물건을 도매금으로 조금 사서 그걸 다른 곳에 가서 웃돈을 얹어 팔아보니 팔리더란다. 학교 친구들을 대상으로도 팔았다고 한다. 처음에는 쑥스러워서 말도 잘 못하다가, 하나둘 팔리기 시작하니까 점점 자신감이 붙었다. 그렇게 번 돈으로 갖고 싶었던 게임기를 모두 사 모으게 되면서 장사 규모가 커졌다.

대학 졸업 후 시작한 것은 취업이 아니라 용산에서 영상 관련 부품들을 도매로 사서 쇼핑몰 사이트에서 판매하는 작은 사업이었다. 이미 어렸을 때부터 스스로 용돈을 벌어 많은 게임기와 영상 관련 제품들을 사서 직접 써봤기 때문에 제품에 대해서도 많이 알고 시장에 대한 감각도 좋은 편이었다. 그렇게 해서 온라인 여러 사이트를 통해 불티나게 장사가 되면서부터 공장까지 설립하며 큰 규모의 모니터, 빔 프로젝터 사업으로 확장해 나갔다.

고등학교 때부터 용돈을 벌기 위해 끊임없이 장사 아이템을 바꿔가면서 수많은 시행착오를 했던 터라, 돈이 될 만한 아이템을 찾는 데 자기만의 노하우가 있었다. 그것은 길거리 간판이 바뀌는 흐름을 열심히 관찰하는 것이었다. 바삐 길을 걸어가는 것이 아니라 어디에 어떤 간판이 새로 들어왔고, 새로 들어선 치킨체인점은 얼마 만에 문을 닫고 나가는지, 커피 테이크아웃 간판이 얼마나 빨리 확장되고 있는지 평소 지나가는 길에서 늘 관찰하며 자신만의 통계를 쌓아갔다. 얼마나 열심히 살피는 버릇이 있었는지, 운전하면서도 길 건너에 떨어져 있는 지갑을 발견했다고 하니 주변 관찰을 얼마나 열심히 했겠는가.

그러던 중 '대형 모니터 설치'라는 간판을 단 호프집을 보았다고 한다. 2002년 월드컵 전이었다. 월드컵과 대형 스크린을 완비한 호프집과의 폭발력을 간파한 그 친구는 월드컵 특수가 시작되기 훨씬 이전에 스크린 사업을 본격적으로 준비했다.

2002년 4강 신화와 함께 한 매출 신화

그는 빔 프로젝터, 대형 스크린 등을 생산하는 공장을 직접 운영하고 있었다. 온라인에서 스크린을 파는 데 그치지 않고 영업과 설치 네트워크를 확장해나가기로 했다. 직접 대형 스크린을 설치할 만한 호프집 점주들을 찾아다니면서 월드컵 시즌에 대비한 대형 스크린 마케팅을 펼쳤다. 생산을 끼고 있었으므로 경쟁력 있는 가격을 제시할 수 있었다.

친구가 점주들에게 타사보다 낮은 가격을 제시하는 대신 제안한 것은 가게 앞에 작은 배너 간판을 설치할 수 있도록 하는 것이었다. 그 배너 간판에는 대형 스크린 설치 관련 자기 회사 이름과 상담 전화번호가 적혀 있었다. 그 간판을 본 건너편 업주는, 당연히 그 전화로 문의해 경쟁적으로 대형 스크린을 달기 시작했다. 이렇게 물꼬가 터지기 시작하자 주문에 불이 붙었다.

문제는 배송과 설치였다. 고가의 장비인 만큼 택배나 대리 배송은 어려웠고, 직원을 채용하기에는 부담이 있었다. 아르바이트 고용, 장비를 싣고 다닐 차량 등 여러 가지 복잡한 문제가 있었다. 월드컵 붐은 일시적일 것이라 판단했으므로, 무턱대고 사람을 많이 뽑을 수 없는 노릇이었다.

여기서 또 한 번 친구의 기지가 발휘됐다. 밴택시 기사들을 배송 및 설치 기사로 계약한 것이다. 밴택시는 보통 뒤편 공간이 넉넉한 데다 택시기사들은 어디든 이동할 수 있었고, 하루 종일 이 업무만 하지 않아도 되고 주문이 들어올 때 지역이 맞는 기사가 잠깐 하면 되었다. 대신 시간당 택시 수익보다 약 10배 높은 수익을 약속해주었다. 기사에게도 손해는 아니었다. 밴택시는 요금이 비싼 편이라 일반 택시처럼 늘 손님이 있는 것이 아니었으므로 일종의 부업으로 친구네 회사 일을 시작했다.

친구는 택시 기사들을 대상으로 빔 프로젝터 설치 관련 교육을 했다. 일정 시간의 교육 후에는 택시기사들이 단독으로 제품을 안전하게 이송하고 설치하는 데 전혀 문제가 없었다. 배송할 때에는 친구 회사 이름과 전화번호가 크게 적힌 조끼를 입고 배송하게 하여, 고객 입장에서도 마치 회사의 설치기사가 직접 방문하는 것처럼 보이게 했다. 그리고 한국 대표팀은 4강에 진출했고 그는 그렇게 월드컵 특수를 훈훈하게 누릴 수 있었다.

그 후 스크린 골프가 유행하기 시작했다. 그러자 그는 어떤 상권에서 주로 어떤 가게들이 문을 닫고 스크린 골프장을 여는지 유심히 지켜보았다. 보통 스크린 골프장의 경우 직장인들이 많이 가는 상권에 있었고 노래방이 들어갈 만한 곳에 많이 보이더란다. 그렇게 하여 스크린 골프장을 중심으로 영업을 펼쳐 대형 스크린을 팔았다. 항상 대박 조짐의 맥을 잘 잡은 친구는 좋은 기회를 함께 탈 수 있었다.

그 후에도 역시 간판이 어떻게 바뀌는지 늘 보고 다니다가, 교회에 대형 스크린이 달린 것을 보고는 교회를 대상으로 대형 스크린 설치를 확장했다. 이렇게 그 친구는 20대 후반에 꽤 큰돈을 만지며 20대 후반에 외제차를 바꿔 타며 자신만의 성공을 즐길 수 있었다. 평소 창의적인 감성이 많은 친구라 지금은 영상 미디어 콘텐츠 제작 사업에만 집중하고 있다. 다양한 인터랙티브 미디어 솔루션을 활용하여 꽤나 유명한 프로젝트들을 수행하고 있다.

길바닥에서 간판만 열심히 보아도 돈의 흐름이 보인다는 친구의 팁을 받아들고 나니 나도 길을 걸을 때마다 간판을 살펴보곤 하는데 성격이 급한지라 늘 총총걸음으로 목적지만 향해서 달려가곤 한다. 익숙한 목적지가 아니라, 눈을 잘 두지 않는 곳에도 천천히 눈을 돌린다면 주변 상권이 어떻게 바뀌는지, 어떤 사업이 새롭게 뜨고 있는지 답이 보일 것이다.

누군가 내게 이런 말을 해주었다. 돈을 버는 것이 어렵다고 생각하면 어렵지만, 쉽다고 생각하면 쉬워진다고. 소위 말하는 잘 팔리는 제품들을 보면 작은 생각 하나 덧대어 만든 것뿐이고, 대단한 발명이 아니어도 기존에 있는 것 두 개의 장점만 잘 섞어도 새로운 제품이 될 수 있다는 것이다. 멀리 나가서 큰 발명품을 만들 것이 아니라 당장 손에 잡히고 필요한 물건들 중에서 잘 결합

하거나, 아이디어 하나만 덧대어도 많은 사람들에게 필요한 상품이 될 수 있다는 것. 사실 이런 말을 하는 나도 사업은 쉽지 않다. 하지만 나중에 이런 말을 누군가에게 할 수 있게 되면 좋겠다.

"돈 버는 것 어렵지 않아요~ 쉽게 생각하면 되어요~."

내가 아파트를 판 날

은행담보 대출을 끼고 샀던 상계동 아파트가 창업을 시작하고 난 뒤 팔아야 할 상황이 되었다. 당시 월세를 받고 있었는데 월세에서 대출 이자를 제하고 일정 현금을 매달 받을 수 있었지만, 창업 후 여러 가지 일을 꾸려나가려면 목돈이 필요했다. 봄에 집을 내놓았지만 집을 보러 오겠다는 전화는 띄엄띄엄 있을 뿐이다. 여러 부동산에 내놓았기 때문에 내심 기대했지만 집을 보러 오는 사람이 많지 않았다.

한 번은 집을 보고 간 사람이 집을 구매하겠다고 해서 부동산을 통해 약속을 정하고 갔다. 살고 있는 곳에서 1시간 반 정도 걸리는 거리였지만, 계약을 위해서는 내가 직접 가야 했다. 집값을 더 깎아달라고 했지만 나 역시 급한 상황에서 이미 손해 보는 가격으로 내놓았던 터라 더 깎아줄 수는 없었다. 그쪽에서도 마음에 들었는지 계약하겠다고 해서 약속을 잡고 퇴근한 후 겨우 도착한 시간은 8시였다. 하지만 도착했을 때 집을 사겠다던 사람이 태도를 바꿔 집값을 더 깎아 달라고 한 번 더 흥정을 하려 했다. 부동산 중개업자도 합세해 집값을 깎아보려고만 하고 있었다.

먼 거리임에도 일부러 시간을 만들어 달려갔는데 집 파는 게 급한 내가 그 청을 들어줄 수도 있을 것이라고 생각한 듯하다. 하지만 그날의 시간이 아깝고 잡은 물고기를 놓치는 것 같았지만, 나는 추가 가격 협상은 하지 않겠다고 단호히 말했다. 그냥 헛걸음으로 돌아갈지언정 그 자리에서 깎아주고 싶지는 않았다. 매몰 비용 심리를 이용하는 듯해서 그 장단에 손을 맞춰주고 싶지 않았고 100만 원이 땅을 파면 나오는 돈도 아니기 때문이었다.

중간에서 약속을 잡은 부동산 입장에선 내가 헛걸음을 하는 것이고, 부동산 수수료를 벌 수 있는 기회를 놓치는 것이어서 여러모로 입이 바짝 마를 수밖에 없었다. 그렇게 집을 거의 살 뻔한 사람을 놓치고 몇 달을 또 조용히 지냈다.

하루 사이에 일어난 위험한 해프닝

바쁘게 일하고 있던 9월 즈음이었다. 유난히 그날따라 부동산 여기저기에서 전화가 쏟아졌다. 지금 바로 집을 보러 가겠다는 사람, 보고 왔는데 마음에 들어서 사고 싶다는 사람, 가격을 좀 더 맞춰달라는 사람, 이미 선금을 꽂았다는 사람 등 전화가 폭주했다. 운전 중에, 일하는 중에 갑자기 몰려드는 전화를 붙잡고 있었는데 처음엔 이게 무슨 일인가 싶었다. 그러다 나중에는 통화를 할 때마다 집값을 200만 원씩 올려서 말해보았다. 2010년쯤 샀던 집값보다 떨어진 상황이었기 때문에 원금을 회복하고 싶은 마음에다 수요가 있는 듯싶어 계속 가격을 올려 부른 것이다. 그런데도 부동산마다 서로 사겠다고 마치 경쟁하는 듯했다.

결국 여러 번의 통화 끝에 최종적으로 내가 샀던 금액에 맞춰 팔기로 결심했다. 집을 보유하면서 낸 세금과 기회비용을 생각하면 금전적 손실이 있었지만, 집값이 떨어지는 추세에서 다시 산 가격에 팔게 되었으니 돈이 급한 마당에 이 정도에서 정리하기로 했다.

그날은 2014년 9·1 부동산 대책이 발표된 날이다. 9·1 부동산 대책의 주요 골자 중 하나는 재건축 아파트 연한을 기존 40년에서 30년으로 10년이나 대폭 줄이겠다는 것이었다. 그리고 담보 대출 이자도 아주 낮춰서 은행 대출로 쉽게 집을 살 수 있도록 권하는 정책이었다.

1987년에서 1991년까지 지어진 아파트들이 가장 유력한 재

개발 대상 아파트가 되는 셈이었고, 그 시기에 지어진 아파트들이 집중되어 있는 서울 노원구와 양천구가 갑자기 주목을 받기 시작했다. 내가 산 아파트도 1991년에 지어진 노원구 소재 아파트였기 때문에 부동산들마다 그날 갑자기 집을 당장 살 기세로 몰려드는 사람들이 많았던 것이다.

부동산 중개소에서 본 새로운 집주인은 처음 집을 구매해본다며 여러 가지를 조심스러워했다. 서류 절차 등을 잘 모르는 것 같아 비슷한 경험을 한 적 있는 입장에서 어떤 것들을 봐야 하는지 챙겨주기도 했다. 나는 정상적인 집을 정상적인 절차에 따라 거래하는 방법을 알고 있지만, 상대방 입장에서는 부동산이나 집주인이라고 하는 사람이나 서류·등기신청을 도와주는 법무사나 불안하고 조심스럽기는 마찬가지이기 때문이다. 그렇게 몇 년간 내 명의로 갖고 있었던 집을 안전하게 다른 사람 명의로 넘기고 나서 9월이 정리되었다.

선대인 경제연구소장의 책《선대인, 미친 부동산을 말하다》를 보면, 우리나라는 돈 버는 생산가능 인구(20~64세)와 주택 수요 인구(35~54세)가 지속적으로 늘었던 과거 경제 성장기에 주택 가격이 꾸준히 상승했지만 앞으로는 부동산 시장의 패러다임이 완전히 바뀔 것으로 전망하고 있다. 인구가 줄고 있고, 급속한 고령화에 따라 주택 수요 연령대 인구가 급속히 줄어들고 있다고

시장에서 배운 경제

한다. '집값 바닥론'은 언론들이 이제는 집값 올라가는 일만 남았다는 미묘한 심리를 만들어내기 위한 용어이고, 경기 활성화를 위해 이자를 낮추고 대출을 풀어 집을 사도록 부채질하고 있는 형국이라고 한다.

지나고 생각해보니 그날 한꺼번에 아우성을 치며 몰려들었던 사람들과, 과열 경쟁이 붙었던 부동산의 해프닝을 생각하면 쓸쓸하기도 했다. 사실 재개발 건축은 건축 대상 심사에서 결정까지 기간이 몇 년씩 걸리고, 재개발을 시행하게 되어도 또 건축 기간이 몇 년 걸리는 긴 프로젝트다. 은행대출 이자도 지금은 저렴하지만 또 언제 어떻게 될지도 모르는 것이다. 단 하루의 신문 기사와 뉴스를 접하고 그날 액션을 취하는 것은 길게 갈 시간 게임에서 위험해 보였다. 지금 이자가 낮다고 해서 대출 받고 집을 샀다가, 미국이 금리를 올리는 쪽으로 돌아서면 지금의 계산기를 던져버려야 할 것이다.

부동산 시세를 검색하는 사이트에서 아파트 시세를 검색해보면 내가 매도했던 아파트와 그 주변 지역 아파트들의 집값이 확실히 9월에 반짝 올랐다가 다시 내려가는 추세다. 집을 사겠다는 판단은 라이프스타일과 현재 수입, 미래 계획에 따라 길게 갖고 있었던 생각이었을 것이다. 하지만 쇼핑 아이템을 바구니에 담기로 하루 만에 결정하기엔 집이라는 재화는 아주 크고 값비싼 대상이다.

　그날따라 부동산으로 몰려드는 전화에 같은 집을 두고 사겠다
는 사람이 줄을 서고 선금을 먼저 넣겠다며 경쟁이 붙으니, 정말
이 기회를 놓치면 안 될 것 같아 마음이 더 급해졌을 수도 있다.
내가 그 상황이어도 쉽게 그렇게 휩쓸려갔을 거라고 생각한다.
하지만 집을 사는 것은 긴 호흡으로, 멀리 보면서 여러 가지 정황
들을 따지고 결정하길 바란다. 집을 구입하는 것은 일생 최대의
쇼핑이다. 평생을 일해 겨우 마련하는 집인데 불과 하루아침의
기삿거리에 휘둘리기엔 리스크가 너무 크다.

"전화요금조차 목을 죄게 될 것"

창업은 쉽다. 누구나 언제든지 사업자등록만 신청하면 간단하게 창업할 수 있다. 창업을 시작하는 곳이 근사하게 잘 빠진 사무실이 아니라 컴퓨터 한 대뿐인 내 방이고, 사무실 주소도 비록 ○○아파트 몇 동 몇 호, 사무실 전화번호는 내 휴대폰 번호일지라도 어엿한 회사이고 창업이며 대표다. 창업 자체가 쉬운 만큼 서류상 창업도 많으며, 처음에 반짝거리다 흐지부지해지는 사업체도 태반이다. 더 슬픈 것은 온 힘을 다해 발버둥을 쳐도 상황이 쉽게 호전되지 않는 경우다.

획기적인 아이디어와 차별화된 서비스, 상품이 있다 하더라도 창업을 성공으로 이끄는 것은 시간에 대한 믿음과 끈기라고 생각한다. 우리가 알고 있는 '한 방에 대박' 신화는 확률적으로 많이 일어나지 않기 때문에 많은 사람들이 기억하고 칭찬해주는 것이다. 대부분은 바닥을 치고, 또 바닥을 쳤다고 생각할 만큼 어려운 시기들을 온몸으로 받아내고 견뎌야 겨우 그 업계에서 살아남을 수 있다. 보통 최소 3년은 견뎌야 한다고 말하는데, 3년은 업을 유지해야 시행착오도 겪고 고객 거래처와의 관계와 브랜드 인지도가 쌓여 본격적으로 돈을 벌 수 있는 상징적인 시간인 것이다.

대박을 기대한다면 창업을 하지 않는 것이 좋다는 게 내 생각이다. 창업 3년은 취업 3년의 시간과는 절대적으로 다른 시간이다. 회사를 다니면 매달 꼬박꼬박 월급이 꽂힌다. 4대 보험은 회사에서 내주고 회사 컴퓨터, 사무용품, 전기, 물값, 커피마저 내 돈으로 낸 적이 없을 것이다. 점심값을 지원해주는 경우도 있고 야근을 하면 저녁 식대와 택시비까지 지원되기도 한다. 회사에 있는 동안 내 돈 나갈 일은 가끔 혼자 사 먹는 테이크아웃 커피나 사비로 후배나 동료 사원에게 쏘는 밥값 정도일 것이다. 맡았던 업무가 손실이 났다 해서 내 월급에서 차감되지도 않을뿐더러 가끔 운이 좋으면 상여금, 휴가비, 연말정산 환급까지 콧노래를 부를 일도 생긴다.

자영업자가 되는 순간 깨닫게 된다. 이 모든 것 하나하나가 회사에서 소리 없이 묵묵히 지원해주고 있었다는 것을. 신입사원은 사실 회사 입장에서 회계상으로 손실에 가깝다. 물론 장그래 같은 슈퍼사원의 경우 다를 수도 있겠지만 대부분은 대리 정도 되어야 온전히 수익을 낼 수 있는 개체가 된다. 회사원으로서 회사 울타리 안에서 누릴 수 있는 금전적 혜택은 월급 외에도 꽤 많다는 사실을, 회사를 나서게 되면 피부로 느끼게 된다.

자영업의 빛과 그림자

회사를 퇴사하고 나면 가장 먼저 급여가 꽂히던 주거래은행 VIP 혜택이 사라진다. 업무 외 시간 거래나 타 은행으로의 송금 시 갑자기 은행 수수료가 발생하기 시작하며, 신용카드를 만들어 달라며 다리 잡던 은행들이 직접적으로 잡을 담보라도 없다면 신용카드 개설을 꺼리게 된다. 믿을 구석이 없는 불안정한 무직에 가까운 자영업자이기 때문이다.

창업 후에는 사무실 전기요금, 인터넷 통신비, 전화비, 정수기 값이 모두 나의 목을 조르는 비용으로 돌아온다. 밤에 쓸데없이 켜져 있는 형광등을 보면 울컥할 수밖에 없는 까닭이, 모든 게 내 호주머니에서 나가야 하는데 그런 돈들이 매달 한두 푼이 아니기 때문이다. 어느 정도 매출이 생겨도 그 즉시 재투자로 돈을 돌려야 하기 때문에 늘 현금은 말라 있고, 손을 내밀 은행 문턱도 직장 다닐 때와는 달리 갑자기 높아져버린 느낌이 든다.

여기에 직원을 뽑기 시작하면 걷잡을 수 없는 비용의 늪으로 빠지게 된다. 파트타임이라 하더라도 식비나 공통으로 쓰는 비용들을 부담해야 하고, 직원으로 채용하게 되면서부터는 본격적으로 4대 보험에 가입해야 한다. 수레가 굴러갈수록 창업자가 이고 가야 할 바퀴의 무게는 더욱 무거워진다. 운이 좋아 일이 잘 된다면 수레의 무게를 감당할 수 있겠지만 대개는 초반의 모든 무게들을 스스로 감당하지 않으면 안 된다.

내가 창업을 고민하던 시기에 만난 친구는 이미 45명의 직원을 거느린 성공한 여성 사업가였다. 20대 중반 창업에 뛰어들어 이미 꽤 잔뼈가 굵은 CEO가 되었고, 시작을 꿈꾸는 내게 많은 조언을 해주었다. 무엇 하나라도 처음 시작할 때는 보수적으로 계획하고 돈을 아껴 쓰라고 말하면서 나중에는 전화요금조차 목을 죄게 될 것이라고 했다. 패기 있게 시작하고 싶었던 나는 설마 2만~3만 원 하는 인터넷 전화요금을 못 낼까 싶었다. 그 친구는 창업 초반 창업과 상관없는 각종 아르바이트도 열심히 하였는데, 몇 푼 안 되는 돈이지만 시간을 온전히 쓴 만큼 일정하게 받는 수익이 있다는 게 도움이 되었다는 이야기도 해주었다.

그리고 뉴스 스크립터, 마트 점원, 대형 프로젝트 계약직원 등 각종 아르바이트를 통해 유통, 방송, 통신 관련 산업을 파악할 수 있었다고 한다. 최악의 경우에는 본인이 벌여나가는 일을 유지하기 위해 전혀 다른 단순 아르바이트까지 불사하며 돈을 벌어 소액이라도 메워나가겠다는 마음의 준비가 되어 있어야 한다고 했다.

회사에서 받는 월급은 한 개인의 입장에서 보면 모든 비용을 제한 순이익이라고 볼 수 있다. 하지만 자영업자의 경우 매출이 일어난다고 해도 투자비용, 운영비용, 세세한 경비들을 다 제외하고 온전하게 과거 월급만큼의 순이익을 남기기는 정말 어렵다.

지난 월급에 대해 쥐꼬리만큼 작다고 불만을 가졌던 사람도 막상 사회에 나와 혼자서 일을 꾸려나가다 보면 그 쥐꼬리만큼의 순이익을 내기가 얼마나 어려운지 알게 된다. 직원들에게 월급을 챙겨주는 입장이 되면 콧바람 불고 기다리던 월급날이 앞이 캄캄한 부담 백배의 디데이로 바뀐다. 적자가 예상되는 달에는 이번 달에는 어디서 돈을 융통해 와서 직원들 눈치 채지 못하게, 기죽지 않게 제날짜에 온전한 월급을 줄 수 있을까 걱정에 사무치는 밤을 맞게 된다.

여러 노력 끝에도 결국 월급날을 어기게 된다면 다가오는 실망감과 미안함의 무게는 굉장하다. 어떻게 말을 꺼낼지 입이 바짝바짝 마르고 눈을 어떻게 마주쳐야 할지 여러모로 난감하기 이를 데가 없다. 쉽게 상사나 다른 사람에게 손가락질하며 책임을 전가할 수 있었던 회사생활과 달리 모든 책임의 끝에는 창업자 자신이 있게 마련이다. 남에게 확신을 주기 위해 스스로 넘치는 확신이 있어야 함에도 불구하고 어려움을 반복해서 겪다 보면 본인의 확신도 창업 초기보다 많이 약해질 수 있다.

친한 후배의 남편이 벤처기업에 투자하는 벤처캐피털 관련 회사에 다니는데 최근 실리콘밸리 쪽으로 파견 나가 일하고 있다고 한다. 실리콘밸리는 주로 IT, 바이오, 전자제품 등 혁신적인 콘텐츠와 기술을 가진 수많은 벤처기업들이 있고, 우량 벤처들을 미리 골라내어 투자하는 자본가들이 있다. 벤처들을 육성하는 실리콘밸리에서는 액셀러레이터(창업투자 육성기관)의 지원을 받아 많은 벤처기업들이 끊임없이 도전하고 있는데, 실리콘밸리 액셀러레이터의 효시인 Y콤비네이터Y Combinator를 통해 개발된 400여 개가 넘는 벤처기업 중 공유 경제에 기반하여 여행문화를 새롭게 바꾸고 있는 에어비앤비Airbnb라는 사이트 및 애플리케이션이 있다.

KBS에서 기획한 '대한민국 창업 프로젝트 글로벌 CEO 특강'에 에어비앤비의 공동창업자 네이선 블레차르지크가 출연하여 창업 강연을 한 적이 있었는데, 라면 생산성Ramen profitability을 언급했다. 라면 생산성은 신생 벤처기업이 창업가의 월세나 식비 등 최소 생계비용 정도를 겨우 유지하면서 절실하게 사업을 성장시키는 기간을 일컫는 말이라고 한다. 라면값은 가장 저렴한 최소 생계비용이라는 은유적인 표현이었고, 에어비앤비 창업자들은 월세 내고 간단히 식비만 유지할 수 있는 것이 어디냐며 즐겁게 일을 진척시켜 나갈 수 있었다고 한다.

라면 생산성이라는 개념은 우리나라 사람에게 익숙한 라면이라는 단어라서 반가웠고, 두 번째는 나 또한 현재 라면 생산성에 기반하여 살고 있기 때문에 고개가 끄덕여졌다. 창업하고 난 후로는 개인적인 사치나 욕심은 많이 줄어들 수밖에 없었다. 최우선순위는 재투자해야 하는 곳에 투자하고, 직원 월급, 사무실 월세, 각종 운영비용 등이 연체 없이 나갈 수 있도록 하는 것이었다. 피치 못해 사람을 만날 때에만 식사를 하러 나가게 되고, 1년에 한 번 미용실에 갈까 말까 했다. 모든 활동은 내가 감당해야 하는 비용과 맞닿아 있었기 때문에 어느 정도 안정적인 수익이 날 때까지는 스스로 아끼고 견딜 수밖에 없다.

사실 나는 창업 후 개인적으로 갖고 있던 많은 것들을 잃게 되었다. 처음에는 가방을 팔기 시작했다. 다행히 친한 친구가 가방을 사주었고, 명동의 중고가방 거래 업체에 몇 개를 팔아 급한 돈

시장에서 배운 경제

을 메울 수 있었다. 하지만 늘어나는 비용 구조만큼 매출이 쉽게 따라오지 못했고, 끊임없는 확장을 위해서 재투자를 줄일 수도 없었다. 몇 명 되지 않았지만 각자 역할을 가진 직원을 내보낼 수도 없었기 때문에 버텨야 했다.

융통해야 하는 돈들은 점점 늘어났고 결국 집을 팔아 모든 대출을 정리했다. 그래도 추가적으로 늘어나는 비용을 감당하기 위해 차를 팔고 다시 '뚜벅이'가 되었다. 그리고 굉장히 알뜰한 라이프스타일 모드로 살고 있다. 라이프스타일을 제안해야 하는 직업이기에 외부에 보이는 부분을 포기할 수 없었지만, 보이는 것 외에는 스스로에게 아주 엄격히 지갑을 단속하고 있다. 단속할 지갑도 없을 만큼 허리띠를 졸라매고 있는 것이다.

지금 창업을 꿈꾸고 있다면

실리콘밸리의 수많은 창업 신화들이 허름한 차고에서 시작한 것이 우연은 아니다. 차고 하나쯤 있는 게 흔한 미국에서, 월세를 아끼기 위해 누군가의 차고에 컴퓨터 하나 갖다 놓고 시작하는 것이 가장 낮은 자세의 창업이기 때문이다. 실험적인 시도를 할수록 세상이 받아들이는 데 시간이 더 걸릴 수밖에 없다.

물론 이 시기를 잘 견뎌낸 창업자들에게는 좋은 결과가 돌아갈 수밖에 없다. 그리고 투자한 비용의 수십 배에 달하는 수익을 내는 기회가 생길 수도 있다. 오랫동안 많은 것을 희생하고 견딘 것에 대한 사회적 보상일지도 모르겠다. 남들이 다 취직할 20대에 홀로 창업했던 친구들은 이미 수많은 시행착오를 겪고, 무너지고, 다시 일어섰고 30대 중후반이 된 지금은 완연한 성공을 거둔 경우도 있다. 멋진 차를 끌고 다니고 본인이 좋아하는 음향 시설이나 여행에 과감하게 쏟을 수 있는 여유가 생긴 것을 보면 부럽기도 하다. 물론 창업 후 뜻대로 풀리지 않아 다시 취직하는 경우도 많이 보았고, 창업의 경험이 회사로 복귀했을 때 더 빛을 발하면서 승진하는 사례도 보았다.

언젠가는 1인 기업을 꾸리거나 창업을 해보고 싶다면 회사에서도 마음속으로 창업자의 마음으로 일해보길 바란다. 아마 그렇게 일한다면 경영주가 아주 아끼는 직원이 되어, 나간다고 할 때 격하게 말리지 않을까 싶다.

회사의 비용을 내 돈으로 생각하고 일한다면 작은 것 하나도 달리 보이게 될 것이다. 늘 거래하던 거래처 외에 더 경쟁력이 높고 가격이 합리적인 새로운 거래처를 발견할 수도 있고, 프로젝트 과정에서 일어나는 수많은 의사결정 갈래에서 더 종합적이고 성숙한 판단을 내릴 수도 있을 것이다. 좋은 성과를 내서 칭찬받

겠다는 목표 외에도 팀워크에 대한 고민, 결과를 만들어가는 과
정에서 지출되는 비용에 대한 고민, 장기적인 성장에 대한 고민
과 재투자 등 창업자의 입장에서 고민하고 판단한다면 업무 성과
의 질은 확연히 달라질 것이다.

세상을 먼저 깨우는 이들의 아침 리그,
조찬회의

아침 7시 30분, 겨울 새벽바람을 뚫고 르네상스호텔 연회장에 도착했다. 회사 이름과 내 이름, 직함이 적힌 이름표를 찾아 들고 조찬회의장에 들어서면 늘 100여 명에 가까운 업계 CEO분들이 원형 테이블에 둘러앉아 있다.

아침 7시 30분까지 가려면 새벽같이 일어나야 해서 아직 잠이 덜 깬 상태지만, 잠긴 목소리를 가다듬으며 같은 테이블에 앉아 있는 연세 지긋하신 분들과 명함을 교환하며 인사를 나눈다. 업계의 내로라하는 CEO부터 튼실한 중견업체에 이르기까지 섬유와 패션 관련 산업별로 회사 대표들이 한자리에 모이는 자리인 것이다.

새벽에 일어나야 하는 부담도 있지만 나 같은 병아리 사장에게 이 자리는 더 넓은 세상을 배우고 업계의 굵직한 CEO들과 좋은 관계를 맺을 수 있는 자리다.

처음 조찬회의에 나갈 때에는 내가 중견그룹 대표도 아닌데 나가면 찬밥 신세가 되는 건 아닐까 내심 걱정했다. 하지만 회사를 운영하며 조찬회의에 자주 참석한 친구의 조언은 달랐다. 오히려 그 사람들은 새로운 사람에 대해서 열려 있고 젊든 그렇지 않든 편견 없이 도와주려는 성향이 있다는 것이다. 친구가 회사를 일궈온 노하우 중 하나가 바로 업계에서 이미 성공한 CEO들과 조찬모임이나 봉사모임 등을 함께하며 꾸준히 신임을 얻었기 때문이었다.

나이 차이가 많이 나지만 어려울 때 뼈저린 조언을 해줄 수 있는 선배들의 지혜와 연륜이 필요할 때 적당한 사람을 소개해줄 수 있는 인맥, 투자할 가치가 있다고 판단되면 투자할 수 있는 재력을 갖추고 있기 때문에 오히려 또래들과 머리 싸매고 고민하는 것보다 굵직한 해결책을 얻을 수 있다는 것이다. 직장생활을 할 때에는 당연히 이런 인맥들이 회사 안에 있었지만, 혼자 업계에 맨몸으로 나와 일을 하려니 이런 인맥조차도 직접 돌아다니며 혼자서 열심히 쌓아갈 수밖에 없다.

성공한 사람들의 공통점

간단한 아침식사를 마치면 그날의 초빙 강사가 와서 세계 경제와 국내 경기, 섬유·패션 업계 관련 특정 주제에 대해서 강의를 한다. 대개는 유명 대학교 교수나 권위 있는 기관이나 연구소에 오래 몸담은 사람들이라 실제로 좋은 공부가 되기도 한다.

한 번은 강의를 시작하기 전 국기에 대한 경례 순서가 있었다. 사실 나에게는 꽤나 낯선 순서였고, 일견 거부감이 들 수도 있었다. 하지만 그곳에 참석한 머리가 희끗한 CEO분들을 보니 그럴 수도 있겠다는 생각이 들었다. 국가의 성장과 함께 회사를 키워왔으니 애국지수가 높을 수밖에 없겠다. 부모 세대가 생각하는 국가관과 젊은 세대가 생각하는 국가에 대한 감정이 확연하게 다르기 때문이다.

강의가 끝나면 9시가 좀 안 되는데 이때 모두 서둘러서 각자 출근길로 향한다. 누군가에게 아침 9시가 첫 출근이라면 누군가에는 이미 그날의 두 번째 일정이 되는 셈이다. 머리가 희끗해질 때까지 멈추지 않고 새벽 조찬회의며, 경제, 경영에 대한 공부를 놓치지 않고 열심인 사람들을 보니 성공하는 사람들의 공통점이 다시 한 번 눈에 보였다. 역시 부지런함과 끊임없는 호기심, 인맥을 위한 시간 투자가 아닌가 싶다.

사실 같은 방식으로 성공할 수는 없다. 오늘날 경쟁은 '열심히' 만이 아니라 남들과 다른 창의적인 콘텐츠가 있어야 유리하기 때문이다. 그러면 놀 줄도 알아야 하고, 새로운 세상도 많이 봐야 한다. 다르게 살아보는 데서 싹트는 아이디어가 경쟁력이 될 수도 있는 셈이다.

그렇기에 백발의 CEO들은 젊은이들의 트렌드를 공부하고 새로운 사람들과 교류하기 위해 비싼 시간을 내어 조찬회의에 참석한다. 매달 조찬회의 때마다 들고 나는 크고 작은 업체 대표들과 인사를 건네고 자신의 값비싼 경험담을 대가없이 들려주었다. 낯설어하는 젊은 사업가들에게 먼저 말을 걸고 고군분투하는 젊은 대표들을 기특해하며 응원해주기도 했다. 이미 그들은 업계에서 크고 작은 성공을 이룬 사람들이다. 하지만 지금까지 이룬 성공에 만족하지 않고 매일매일 달라질 내일을 준비하기 위해 새벽부터 하루를 시작하고 있었다.

시장에서 배운 경제

오꾸빠, 전 세계 청년실업의 현주소

Ocupa라고 쓰고 오꾸빠라고 읽는 이 말은 스페인어로 '점령하다(영어의 Occupy와 같은 의미)'라는 뜻이다. 버려진 건물이나 재개발을 위해 비워진 건물에 청년실업자들이 속속 모여들어 살면서, 버려진 건물을 차지하고 사는 젊은이들을 일컫는 말처럼 되었다. 비단 스페인뿐만 아니라 그리스, 독일 등 유럽에서 일어나는 사회 현상 중 하나인데 유로존 안에서도 실업률이 특히나 높은 그리스와 스페인에서 오꾸빠 현상이 더 두드러지게 나타났다.

스페인어 전공이었던 나는 1999년 3학년 여름방학 때 1년 휴학을 결심하고 포항에 내려가 영어 입시학원 강사로 일했다. 겨울방학과 1학기, 여름방학을 합쳐 8개월을 일해 돈을 모으면 6개월 어학연수가 가능했다. 하숙비를 아끼고 포항에서 먹고 자며 돈을 모으면 6개월 어학연수비를 벌 수 있을 것이라는 계산이 떨어졌다. 1999년에서 2000년 밀레니엄으로 넘어가는 순간 TV에서 떠들썩하게 밀레니엄을 외치던 순간이 아직도 생생하다. 드디어 스페인으로 떠날 돈을 어느 정도 모았고 밀레니엄 2000년 겨울 드디어 스페인으로 떠날 수 있었다.

유로존에 통합되기 전 스페인은 고질적인 실업문제를 안고 있었다. 그러다 유로존에 가입한 스페인은 자체 경쟁력이 성장하기도 전에 유로존 통합에 따른 물가 상승과 부동산 버블 등의 상황이 벌어졌다. 스페인에서 대학을 다니던 현지 친구들도 졸업 후 막상 취직할 곳이 많지 않았다.

아르바이트를 병행하면서 반백수로 지내거나, 아니면 아예 동네에서 바를 차린다든지 취업과 다른 길로 가는 친구들도 있었다. 살라망카 대학은 스페인어의 표준이 되는 스페인어사전을 편찬하는 곳으로, 스페인 명문 대학 중 하나다. 하지만 학교에서 열심히 공부하고 졸업한 후에도 취업이 막막해지는 친구들을 보면서 안타까워했던 기억이 있다. 최근 IMF가 발표한 국가별 실업률 통계를 보면 2014년 기준으로 같은 유럽 안에서도 특히 그리스와 스페인은 25퍼센트에 육박하는 실업률을 보여준다. 여기에 젊은이들의 실업률만 다시 솎아낸다면 훨씬 더 높을 것이다.

미래가 그려지지 않는 한국의 청년들

내가 2000년 스페인 친구들을 통해 보았던 풍경이 지금 한국의 어린 친구나 후배들을 통해 나타나고 있다. 청년실업으로 인해 돈을 벌지 못해 부모의 경제력에 의존할 수밖에 없고, 몇 년간에 걸친 실패로 취직 자체를 체념하게 되는 모습들이 아주 닮아 있다. 아직 빈집이 넘쳐나고 있지 않아 스페인의 오꾸빠와 비슷한 현상은 없지만, 방 안에서 시간을 보낼 수밖에 없는 슬픈 젊은이들이 많다.

나는 취업 준비생을 대상으로 이력서와 자기소개서 쓰기를 무료로 도와준 적이 있었다. 요즘 취업 준비생들에게 요구되는 스펙이 너무 가혹하기만 하고 내가 취업을 준비한 예전 환경보다 훨씬 더 기회가 적은 것 같아 조금이라도 도움을 주고 싶은 마음에서였다. 나 또한 30대 중반을 넘어서면 경제적으로 여유로울 줄 알았지만, 창업에 뛰어든 후론 다시 시작점에 섰다는 기분을 많이 느꼈다. 경제적으론 누군가를 도울 수 있는 처지는 아니었지만, 대신 나에게 보이지 않는 경험과 재능이 있다면 내 시간을 보태어 누군가를 돕고 싶어졌다.

남을 도울 수 있는 내가 가진 작은 재주들이 무엇일까 열거해 보니 국문 이력서, 자기소개서, 영문 이력서, 커버레터 그리고 면접과 관련된 실전 스킬들이 걸러졌다.

그간 정기적인 이직과 유학, 재취직을 통해 쌓은 나의 경험과, 반대로 고용주 입장에서 직원을 뽑는 회사 프로젝트에 참여했던 경험들을 발휘해 재능 기부를 하기로 결심하고 개인적으로 운영하는 블로그에 공고를 올렸다. 정말 무료냐는 질문, 취업이 간절하다는 취업 준비생, 취업 준비생을 친구로 둔 20대, 대기업에 다니고 있지만 곧 원치 않는 이직을 준비해야 해서 막막하다는 40대 가장 등 다양한 사람이 메일을 보내주었다. 시간의 한계 때문에 20대 취업 준비생 여자 한 명과 대기업에 다니고 있는 40대 남자 한 명을 만나 많은 이야기를 나누게 되었다.

이때 인연을 맺어 이력서와 자기소개서 작성을 도와준 27살의 선미(가명) 씨는 다행히 1년간의 취업 준비생 시절을 마치고 고향에 내려가 본인이 원하는 식음료 관련 회사에서 직장을 구할 수 있었다. 취업 준비 기간을 늘리는 대신 눈을 과감하게 낮추고 생활비가 들지 않는 부모님댁 근처 회사에 취업하기로 한 것이다.

선미 씨는 취업의 숙제는 풀었지만 지금의 얇은 월급으로는 부모님에게 용돈을 드린다거나, 저축을 하거나, 결혼과 같은 미래를 준비할 수 있는 상황이 아니다. 선미 씨의 말에 따르면 지금 젊은이들의 문제는 미래가 전혀 그려지지 않는 것이라고 한다. 학자금 대출을 갚아나가는 것이 급선무이지만, 지금 돈을 버는 속

시장에서 배운 경제

도와 아무리 허리띠를 졸라매도 기본적으로 들어가는 생활비 수준을 생각하면 학자금 대출을 몇 년 안에 갚는 것도 까마득하다고 한다.

이미 선미 씨 친구들 절반은 경제적 부담 등으로 결혼은 아예 포기상태라고 한다. 직장을 구하지 못한 친구들이 태반인 데다 직장을 구한 친구들도 비정규직 박봉 신세라 취업과 동시에 또 다른 취업을 마음속에 담고 일을 해야 하는 현실이라고 한다. 한 친구는 농협에 비정규직으로 취직해서 일을 배우기도 바쁘고 정신없지만, 시간이 지날수록 재계약 또는 다른 회사로의 이직 중 하나를 결심해야 하는 시기가 가까워지고 있기 때문에 하루하루 마음 편한 날이 없다고 한다.

경제생활에 합류하고 싶어도 그러지 못하는 취업 준비생과 경력 단절 여성, 퇴직자들이 많다. 개인의 노력 부족이라기보다는 사회 구조적으로 고용이 창출되지 못하고 단기적인 일자리로 대체되면서 안정적인 직업을 갖기가 어렵게 되었다. 특히 청년실업률의 경우 유럽, 일본에 이어 우리나라도 심각한 수준인데, 문제는 단기간에 해결될 수 없는 긴 터널에 갇힌 상황이라는 것이다. 정부가 내놓는 청년실업 해소를 위한 정책들이 실효성 없이 시간만 흐르는 사이 실업률은 더 높아지고 기성세대와 청년세대 간의 불균형은 더 깊어지고 있는 것이 현실이다.

서서히 빠지고 있는 저성장의 늪

고학력을 원하는 한국의 사회 구조에서는 누구나 대학을 가야 했다. 때문에 대학교 등록금, 생활비 등은 가파르게 상승했지만 학생이 아르바이트로 버는 돈은 10년 전과 크게 다를 바가 없다. 학부제로 인해 원하는 전공을 선택하려면 1학년 때부터 공부해야하며 취업용 스펙 쌓기를 위해서 학업과 인턴을 준비하는 시간 때문에 아르바이트가 가능한 시간도 많이 줄었다. 남들도 다녀온다는 어학연수도 갔다오고 싶지만 이에 따르는 모든 금전적 부담은 부모 세대가 지원해주지 않는 이상 현실적으로 어렵다. 이렇다 보니 대부분 학자금 대출로 대학생활을 시작하게 된다. 어학연수와 스펙 업그레이드를 위해 휴학 1~2년을 거쳐 졸업을 하면 학자금 대출 1,000만 원 이상을 지닌 채 취업 준비생으로 시작점에 서게 된다.

부모들 또한 좋은 학교, 좋은 교육을 위해 자신들의 노후를 차분히 준비할 여유도 없이 달려오게 된 경우가 많다. 그렇다 보니 자식들에게 기대야 하는 시점이 왔지만 자식들은 부모 세대보다 생산 활동에 뛰어드는 관문이 더 높아져 버둥댈 수밖에 없는 구조다. 양질의 교육을 위해 달려왔지만 막상 사회는 저성장으로 접어들면서 수준 높은 인재들이 원하는 양질의 일자리는 점점 더

시장에서 배운 경제

줄어들고 있다. 점점 후배 기수들 입사 숫자가 줄어들거나 몇 년째 채용공고가 나지 않아 5년 이상 줄곧 막내 노릇을 하는 대리, 과장들도 있다.

기성세대 입장에서는 요즘 젊은이들이 눈이 높아서 그렇다, 열심히 하지 않아서 그렇다고 핀잔의 눈길을 보내기도 한다. 그러나 현실은 오늘날 젊은이들은 더 적은 돈을 받고 어렵게 일하고 있는 경우가 많다. 고3까지 열심히 공부해서 대학에 가면 최소 1년은 실컷 놀 수 있었던 90년대 학번의 캠퍼스 낭만이 요즘은 입학하면서부터 소리 없는 학점, 스펙, 인턴 전쟁으로 바뀐다. 부모님의 등골을 뽑아 해외 어학연수, 제2외국어, 각종 화려한 자격증, 공모전, 자원봉사 활동까지 동원해 크게 처지지 않는 이력서 한 장을 겨우 채워 넣었지만, 그마저도 수많은 이력서 중 하나로 묻히고 마는 것이 현실이다.

저성장 늪에서 신규 채용의 문턱은 당연히 좁고 높은 교육열 덕에 한 해 쏟아지는 고학력 졸업자들은 더 많아지니 아무리 용을 쓴들 취업 준비생, 취업 재수생에서 벗어나기가 힘들다. 그나마 부모의 재력으로 기초적인 생활비나 대학원 진학, 창업 지원을 받는 경우에는 덜하지만, 온전히 스스로가 부담해야 하는 경우 현실은 잔인하다. 취직이 되어도 학자금 대출을 온전히 털어내는 데 3~4년이 걸리고 결혼과 육아든 싱글로서의 독립이든 큰 산들이 또 기다리고 있다.

젊은이를 위한 출구전략

이런 상황에서 나라고 뾰족한 답을 줄 수 없는 것이 당연하겠지만, 조금이라도 도움이 될 만한 해결책이 무엇일까 함께 고민해보자면 이렇다. 장기전에 대비해 체력을 결코 포기하지 않았으면 한다. 엉덩이 힘으로 공부했듯이 일 또한 꾸준한 엉덩이 힘으로 버텨내야 한다. 평소 체력이 뒷받침되면 때때로 과중한 업무 강도도 버틸 수 있는 기초체력이 되고, 외부 스트레스를 무던하게 만들 정신력도 생긴다.

평생직장 개념은 없어졌다. 취업을 해도 회사가 끝까지 정년 보장을 해주기 어려울뿐더러 요즘은 입사 후 이직에 대한 고민도 더 빨라졌다고 한다. 어차피 지속적인 계단을 올라타야 한다고 생각한다면 빨리 첫걸음을 내딛는 것도 필요하다. 물론 처음부터 좋은 곳에서 시작해야 더 좋은 기회를 이어갈 수 있지만, 자칫 취업 준비 기간이 너무 길어지면 그 또한 불리한 경력이 될 수 있다. 아무리 다른 스펙으로 꾸미려 해도 실질적으로는 공백이나 마찬가지이기 때문이다.

시장에서 배운 경제

경기가 어려워질수록 신규 채용은 줄어들 수밖에 없다. 신입사원 한 명을 제대로 일하게끔 트레이닝하려면 최소 2~3년이 걸리는데 회사 입장에서 불경기에는 이것도 부담이 된다며 경력 쌓은 사람을 선호한다. 처음은 눈높이에 맞지 않더라도 원하는 분야의 일이라면 시작해보길 권하고 싶다. 경력이 쌓이고 시야가 넓어지면 다른 곳으로 이직할 수도 있고, 경력이 붙는 순간부터는 스펙 업그레이드가 훨씬 더 쉬워지기 때문이다.

두 번째로, 현재 원하는 일을 하고 있지 않더라도 제2의 소일거리를 찾아보길 권하고 싶다. 회사에 취직했지만 원하는 일이 아닌 경우, 본인의 관심사나 취미를 즐기면서 돈을 벌 수 있는 부업을 생각해보자. 요즘은 인터넷으로 경계 없이 누구나 무엇이든 상품화하여 판매할 수 있다. 심지어 해외와 국경 없이 거래를 할 수 있다.

예를 들어 이베이의 경우 전 세계 소비자들을 대상으로 물건을 판매하는데, 초기 입점비나 가입비가 전혀 들지 않는다. 한국에서 생산하는 제품 중 경쟁력이 있을 만한 것을 찾아 휴대폰으로 찍어 올려두면 나만의 어망을 바다에 던져둔 셈이다. 많은 제품을 살 필요도 없고, 사진 촬영 또한 잠깐 제품을 빌려서 찍는 정도라면 사실 진행비는 제로에 가까운 저렴한 어망이다. 만약 고기가 어망에 들어오듯, 마침내 주문이 들어오면 수량을 늘려가며 도매 경쟁력을 갖춰 가면 충분한 차익을 남기면서 판매할 수 있다.

해외에서도 유명 브랜드가 되어버린 의류쇼핑몰 '스타일난다'의 시작은 평소 자기가 입던 스타일의 옷을 인터넷 쇼핑몰을 만들어 팔면서부터다. 아는 분을 통해 창업 비하인드 스토리를 들어보니, 회사를 그만둔 그녀의 첫 창업 비용은 엄마에게 졸라서 선물 받은 노트북 한 대였다고 한다.

확실히 예전보다 취직하기가 어려운 것은 사실이다. 그렇지만 기성세대가 한 것과 달리 머리를 쓰고 돈을 거의 들이지 않고 자신만의 시장을 만들어갈 능력은 지금의 20~30대에게 있다. 마케팅 용어에 스크래치라는 말이 있다. 손톱으로 살짝 긁어서 시장의 반응을 지켜본 다음 괜찮으면 집중 투자하고 아니면 접는다는 뜻이다. 적은 비용의 맛보기 투자로 무엇이든 시도해보고, 그것이 어떻게 움직이는지를 관찰하고 지속 발전시켜본다면 나만의 출구전략이 될 것이다.

시장에서 배운 경제

저성장의 무기력 속에서
무게중심 잡는 방법

뉴 노멀new normal이라는 말이 심심치 않게 들린다. 경제 변화 흐름에 따라 새로운 기준이 나타나는 것을 의미하는 말이다. 미국 및 유럽 선진국을 중심으로 경제 성장이 하락할 것이라는 믿음을 뜻하기도 한다. 2008년 글로벌 금융위기를 기준으로 그 전까지를 고성장, 고부채의 시대인 올드 노멀이라고 한다면, 그 이후의 세계 경제는 부채를 줄여 나가면서 필연적으로 겪는 구조적 저성장의 시대, 즉 뉴 노멀 시대가 온 셈이다.

"올해는 경기가 좋지 않을 것이다. 그렇다고 해서 내년에 더 좋아지란 법도 없을 것이다."

이것은 내가 마음속에 담고 있는 생각이다. '올해는 더 잘될 거야, 더 좋아지겠지'라는 막연한 희망을 갖지 않는다. 왜냐하면 숫자로 나타나는 팩트들이 하향곡선을 보여주고 있으니 이변이 없는 한 대한민국도 저성장에 들어섰다고 생각해야 할 것이다. 어느 정도 선진국 문턱에 도달한 한국의 경제성장률 하락 추세는 전혀 놀라운 일이 아니며, 큰 경제사 흐름으로 봤을 때는 예견된 일이기도 하다.

서강대학교 송의영 경제학 교수에 따르면 긴 역사를 줌 아웃해서 본다면 세계적으로 산업화를 겪었던 1950~1970년대는 역사적으로 아주 예외적인 시기라고 한다. 기술 진보로 인한 생산성이 예외적으로 폭발했던 시기이고, 인류 역사에서 이런 예외적 사건이 자주 일어나지 않았다는 것이다. 혁신적인 발전이 앞으로 크게 없다고 가정하고, 여기에 인구 노령화 패턴을 감안하면 선진국의 경제 성장도 1퍼센트대로 느려질 수밖에 없다. 수요 측면에서도 부채가 증가하고 실질적인 금리도 더 낮출 수 없는 수준까지 떨어진 데다, 소득분배 현상은 더욱 악화되고 있으니 소비를 더 늘리는 것도 어렵다.

뉴 노멀 시대에 새로운 경제 주역으로 기대되고 있는 중국 또한 IMF 통계에 의하면 2010년 9퍼센트대의 경제 성장률에서 2015년은 7퍼센트에 못 미치는 성장을 할 것으로 예상된다. 물론 2016~2017년에는 더욱 떨어질 것으로 예측하고 있는데 이런 현상을 쿨링 드래건Cooling dragon, 열기를 식히는 중국이라고 표현한다. 결과적으로 이런 저성장은 비단 한국뿐 아니라 전 세계가 향후 몇 년간 마주치고 받아들여야 하는 현상이라는 것이다.

송의영 교수의 지적에 따르면 기적 신화라고도 불리는 한국형 성공사회에서 이런 저성장 예측을 받아들이기 어려운 이유를 설명했다. 기술이 집약적으로 발전했던 시기와 한국의 경제 성장이 크게 맞물려 돌아갔기 때문에 지금까지는 계속 성장만 경험해온 셈이다. 그래서 정체되고 성장이 머무르는 것에 대해서 특히 한국 사람들은 두려워하고 받아들이기 어려워한다는 것이다. 하지만 유럽 선진국들 중 많은 나라는 이미 저성장을 대부분 겪었기 때문에 이를 받아들일 줄 안다고 한다.

김종석 홍익대학장은 대한상공회의소 제주포럼에서 현재 세계 상황에 대해 중국의 성장 둔화, 미국의 무기력, 유로존 해체 가능성, 일본의 장기 침체, 신흥국 성장 둔화 등이 중첩된 혼돈과 불확실성의 시대라고 표현했다. 저성장의 장기화라는 현실을 견디기 이해서는 무엇보다 기본에 충실한 체질 강화에 힘써야 한다고 한다. 사회적으로 본다면 근본적인 경쟁력을 높이고 생산성을 높이는 것을 의미할 것이다.

나의 씨앗을 뿌리는 노력

가끔 부모님들은 자신의 어려웠던 시절을 회상하며 '그땐 그랬지' 하고 이야기하는 것을 좋아한다. 어려웠지만 열심히 해서 지금껏 자식들을 교육시키고 잘 꾸려왔노라는 자부심과, 인내하며 고생한 지난 청춘에 대한 회한이 뒤섞인 그 표정은 우리에게 매우 익숙하다. 확실한 것은 지금의 젊은 세대들은 부모들처럼 꾸준한 발전과 승리를 가져가기 더욱 힘들어졌다는 사실이다. 하지만 부모 세대와 다르다고 해서 슬퍼할 수도 없다. 주어진 시기를 받아들이고 살아가면 된다.

건강한 마음으로 지치지 않고 긴 터널을 뚫고 갈 기초체력을 다질 시기가 왔다. 주변에서 들려오는 급격한 성공담, 대박신화에 너무 낙담하지도 말고, 초조하게 스스로를 가두지도 말자. 주어진 일을 충실하게 하고, 주어진 역할을 담담하게 해나가면 의미 있는 하루하루를 만들어낼 수 있다. 그리고 시간이 난다면 내가 가장 좋아하는 일에 집중하고 꾸준히 시간을 투자해보자. 하다 안 되면 또 시도해보자.

그만두지만 않으면 된다. 가다가 힘들면 쉬어도 좋다. 본인의 의지와 달리 일할 기회를 놓치거나 잡지 못할 때가 올 것이다. 그렇다고 해도, 쉬지 않고 작은 일이라도 꾸준히 하는 것이 중요하다. 세상에 나로 인해서 새롭게 생겨나는 가치가 0.00001이라도 있다면, 그것으로 충분한 가치가 있다. 기성세대들이 심고 뿌려둔 열매만 따먹는 사람이 되지만 않으면 된다. 그것 이상이 되지 못할지라도 나만의 새로운 씨앗은 계속 뿌리는 노력을 해야 한다. 그것이 앞으로의 긴 저성장에서 무게중심을 잡고 살아가는 동력이 될 것이다.

참고문헌

- 《경제학 사전》, 박은태, 경연사, 2014.
- 《달러》, 엘렌 브라운, AK, 2009.
- 《선대인, 미친 부동산을 말하다》, 선대인, 웅진지식하우스, 2013.
- 《유대인의 자녀교육》, 박미영, 국민출판, 2011.
- 《자녀교육 혁명 하브루타》, 전성수, 두란노, 2012.
- 《화폐전쟁》, 쑹훙빙, 알에이치코리아, 2008.
- 《Global Economies and Markets》, Darden School of Business.
- 'Attachment Theory and Affect Regulation', Mario Mikulincer, Phillip R. Shaver and Dana Pereg, 〈Motivation and Emotion〉, Vol. 27, No. 2, June 2003.
- 'Bidirectional Dynamics of Materialism and Loneliness', Rik Pieters, 〈Journal of Consumer Research〉, 2013.
- 'How did American Jews get so rich?', 〈YNet News〉, Tani Goldstein.
- 'Materialism and Loneliness', 〈Journal of Consumer Research〉, University of Chicago.
- 'World Economic Outlook Database', October 2014, IMF.
- '그녀는 왜 쇼핑에 빠졌나 ④ 정신과 전문의 4인이 진단한 쇼핑중독 현실', 〈조선일보〉 조선비즈, 2014. 01. 27.
- '글로벌 환율경쟁 증시 발목 잡나', 〈한국금융신문〉, 최성해, 2013. 1. 28.
- '디플레이션과 재테크', 〈한국금융신문〉, 김창경, 2014. 5. 01.
- '"서로를 책임져라" 美 언론·연예계 장악한 끈끈한 유대감', 〈동아비즈니스리뷰〉, 육동인, 2013.
- '성장률 하락과 청년실업 악순환 우려된다', LG경제연구원, 이혜림, 2011. 1. 27.
- '전세금 급등의 원인과 처방', 조주현, 〈매일경제〉, 2014. 11. 06.
- '세계 경제의 흐름과 올해 경제전망', 송의영, Tex+Fa CEO 조찬 포럼.
- '한국경제의 대도약을 준비하자', 대한상공회의소, 39회 대한상의 제주포럼.
- 서울특별시 서울부동산정보광장, http://land.seoul.go.kr

학교에서 배운 **경제**
직장에서 배운 **경제**
시장에서 배운 **경제**

초판 1쇄 2015년 4월 30일
    2쇄 2015년 5월 4일

지은이 | 최연미

발행인 | 노재현
편집장 | 서금선
책임편집 | 이한나
디자인 | 권오경
조판 | 김미연
교정교열 | 전경서

마케팅 | 김동현 김용호 이진규
제작 | 김훈일

발행처 | 중앙북스(주)
등록 | 2007년 2월 13일 제2-4561호
주소 | (134-812) 서울특별시 강남구 도산대로 156 jcontentree 빌딩
구입문의 | 1588-0950
내용문의 | (02) 3015-4513
팩스 | (02) 512-0805
홈페이지 | www.joongangbooks.co.kr
페이스북 | www.facebook.com/hellojbooks

© 최연미, 2015

ISBN 978-89-278-0635-6 03320